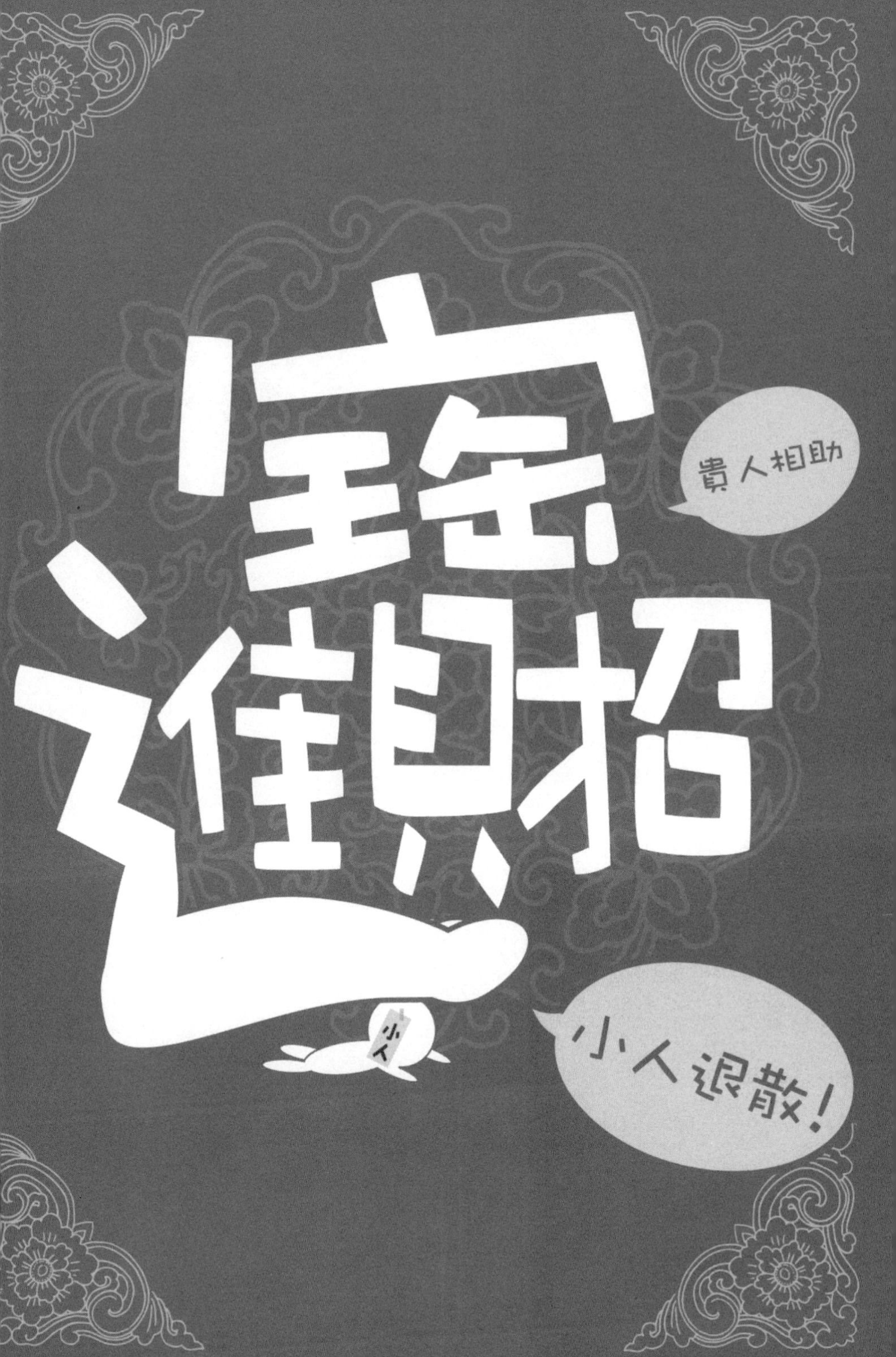
貴人相助
小人
小人退散!

i-smart

智學堂

智慧是學習的殿堂

國家圖書館出版品預行編目資料

招財進寶：貴人相助小人退散 / 春昀安編著.
-- 初版. -- 新北市：智學堂文化，民102.02
　　面 ；　公分. -- (不求人系列；5)
　　ISBN 978-986-88880-7-4(平裝)
　　1.命書 2.改運法
293.1　　　　　　　　　　　101025791

不求人系列：05

招財進寶：貴人相助小人退散

編　　著 ── 春昀安
出 版 者 ── 智學堂文化事業有限公司
執行編輯 ── 林美娟
美術編輯 ── 翁敏貴
地　　址 ── 22103　新北市汐止區大同路三段一百九十四號九樓之一
　　　　　　TEL　（02）8647-3663
　　　　　　FAX　（02）8647-3660

總 經 銷 ── 永續圖書有限公司
劃撥帳號 ── 18669219
出 版 日 ── 2013年02月

法律顧問 ── 方圓法律事務所　涂成樞律師
CVS 代理 ── 美璟文化有限公司
　　　　　　TEL　（02）27239968
　　　　　　FAX　（02）27239668

　　財命是人的生辰八字決定的，在人出生的年月日時四個關鍵時間點上，如果出現了代表「財」的風水注解就表示命中是有財的。

　　這種財命通常分為兩種，一種是正財，就是透過自己的勞動得到的財富，沒有僥倖和欺詐的成分；而另一種是偏財，是透過偶然的機會獲得錢財，比如賭博、彩券。命裡有財運的人可以嘗試多做些創業投資的事情，當然更重要的是在自己能不能合理運用這種財運，如果處理不當反而會招來災禍。

　　八字表示命中有財，並不代表生活中就一定能得到錢財。先天的命格配合後天際遇、風水佈局，才能把財富抓到手中。所謂同命不同運，有些人八字相同，財運上卻相差很多，就是因為風水不好。風水學的作用就是弱化命運中不好的東西，催旺生命中的好運。

　　每個人不但命運不同，體質也不同，同樣的財命對不同體質的人會有不同的效果，因此想要提升財運還要從自己身上著手。

　　體質偏熱的人火氣比較大，所以要降火補水才能招來財氣，為了控制體內火氣對面相的影響，還要選用淺色的化妝品，顯得面色白亮、祥和寧靜，生活中要多吃涼性食物。體質偏寒的人則恰恰相反，需要減少臉上過重的濕氣和陰氣，多吃些溫燥的事物，用明亮的色彩，如紅色、黃色來作為化妝品的

顏色，改善財運。

　　根據屬相制定，風水學認為每個人可以根據自己的屬相來確定用什麼動物招財，稱之為做生肖六合。比如鼠和牛是六合屬相，彼此可以用作招財動物，而虎和豬是一對，兔和狗，龍和雞，蛇和猴，馬和羊，彼此之間都是六合屬相。所以下次買生肖掛墜時，不一定非要買自己的屬相，可以買能給自己帶來好運的那個屬相。

　　財運有正財、偏財之分。每個人的命中都有偏財運勢，怎樣才能激發你潛藏的偏財運呢？

　　另外，如果想要讓事業有個好的開始，一定要找一個好的地點。選擇經商的店鋪就很重要，店鋪位置的好壞，對商業經營和生意的好壞，會產生很大的影響。經商店鋪的風水選址，應當選擇一個能保證商家精力旺盛的環境，如此不但便於招攬顧客、利於買賣，而且能給店鋪帶來長期的生意興隆。

　　本書教你如何從風水、命理、面相、手相中找出發財祕訣，輕鬆避開小人的開運妙方。

第一章　招財進寶——基礎開運篇

第二章　招財進寶──商業聚財篇

第三章　招財進寶─手相開運篇

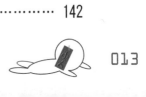

第四章　招財進寶—面相開運篇

財命是人的生辰八字決定的，在人出生的年、月、日、時四個關鍵時間點上，如果出現了代表「財」的風水注解就表示命中是有財的。

這種財命通常分為兩種，一種是正財，就是透過自己的勞動得到的財富，沒有僥倖和欺詐的成分；而另一種是偏財，是透過偶然的機會獲得錢財，比如賭博、彩券。命裡有財運的人可以嘗試多做些創業投資的事情，當然更重要的是在自己能不能合理運用這種財運，如果處理不當反而會招來災禍。

八字表示命中有財，並不代表生活中就一定能得到錢財。先天的命格配合後天際遇、風水佈局，才能把財富抓到手中。所謂同命不同運，有些人八字相同，財運上卻相差很多，就是因為風水不好。風水學的作用就是弱化命運中不好的東西，催旺生命中的好運。

生活中常見的招財物品

常見的招財物品主要有以下四類：

1. 傳說中的招財獸

如龍子睚眥，性烈嗜殺，利於偏財；三腳蟾蜍，口能吐錢，扶助窮人；獨角貔貅，以錢為食，吸納四方之財。

2. 能生旺財運的能量物品

如五帝古錢，帶有盛世旺氣；水晶，能釋放能量，啟動磁場，白玉。

3. 與財有關的神像或物品

如財神；劉海仙人；運財童子；金元寶；清末龍銀；聚寶盆。

4. 取其形或取其音

如錦鯉、金魚，「鯉」與「利」同音，金代表財，魚與「餘」同音。

貔貅招財

傳說，貔貅是一種兇猛瑞獸，護主心強，因此有鎮宅辟邪的作用。傳說，它以財為食，可以納食四方之財，因此又有催財旺財的作用。通常，在家中擺放銅質製造的貔貅，會有很強的催財力量。不過，在請貔貅之前，要先開光淨穢。

擺放貔貅要注意幾點，一是貔貅頭要向外，從外面吸財，二是不能頭朝鏡子，有光煞，三是不能對著床，對主人不利。

吉祥畫招財

牆壁上掛上一些圖畫，可以賞心悅目，增加家居美感。但是，如果掛上一些吉祥畫，還可以達到招財的效果。

通常來說，以牡丹畫為招財效果為最佳。不過，向日葵花朵明豔，有太陽花之稱，充滿正面能量，如果懸掛在家中的玄關、客廳或六煞方，都可以達到提升家運，吸引財氣的功效。六煞方是財位不佳、受人陷害而破財的方位，更需要有如太陽般的正面能量。

風水豬招財

在十二生肖中，由於豬的外形圓滿，被古人當做財富的象徵，在古時祭祀儀式中，豬所代表的含義就是財源廣進。風水學說，「有形必有靈」，因此，豬具有招財的靈動力。但由於其眾所周知的生活特性，它不可招致尊貴。

為了最好效果，通常把風水豬擺放在財位上。當然，除了衛浴間之外，其他房間也可以擺放。風水豬的材質以黃金為最佳，不過也可以用風水豬型存錢罐代替，經常投入零錢，也可以啟動財運。

不過，風水豬不可經常移動位置；由於巳亥相沖，風水豬對屬蛇的人無效。

葫蘆招財

葫蘆在古時常被用做器皿，用來盛水或酒。由於它嘴小肚大的外形，有吸納氣場的作用，因此成為常用的風水道具。如果把葫蘆懸掛在財位，就可以納進財富，且不易外流，達到守財聚富的效果。

用一絲紅繩拴住葫蘆，掛在客廳東南方的天花板上，離地約有三分之二距離，或者懸掛於房屋的西方。葫蘆的外形最好乾淨完整，以留有一段蒂頭為佳。若找不到真葫蘆，用銅葫蘆代替也可以。

花瓶招財

花瓶通常用來催動桃花運和姻緣，但是如果擺放合適，也可以為女孩子帶來財運。

用花瓶招財，要把花瓶放在桃花位。桃花位在房間或客廳的青龍位上，面對房門，右手邊即為青龍位。使用花瓶招財時，若能同時供奉觀世音，會有更好的效果。

花瓶要外形美觀，色澤光亮，裡面注入清水，插上色彩鮮豔而無刺的鮮花。注意，花瓶裡面一定要有鮮花，否則可能會

招惹桃花劫。若插入塑膠假花，則無任何作用。

● 笛、簫招財

笛和簫是由竹子製成，取其節節高升之意。對於工薪階層來說，用笛、簫招財非常有效，可以通過不斷的晉升獲取財富上的增加。把笛子或簫懸掛在文昌位或文曲位上，即能達到招財的效果。

● 五帝古錢招財

所謂的五帝古錢指的是清朝順治、康熙、雍正、乾隆、嘉慶古錢。這五帝在位期間，國內相對比較繁榮和興旺，古錢經歷當時的盛世，吸取有興盛旺財之氣。因此具有化煞旺財之效。不過，古錢要使用真幣，絕不能使用仿製品。

真正的銅錢經過無數人之手，不免有污濁之氣，因此不能隨身攜帶，通常是鑲於大門之上，或者鑲嵌在臺階上、踏腳墊上，上面不可有物遮蓋。

古錢以順治、康熙、雍正、乾隆、嘉慶的次序，從右至左排列，銅錢有字一端向外，底部向內，橫向排成一行。這樣，就可以達到招財化煞之效。

「玉帶纏腰」法招財

最好的陽宅格局，就是有情之水相環繞。而我們所說的「玉帶纏腰」，就是指有河流或者道路在房屋前曲折環繞。

當然，這裡所說的曲折都是「順弓」，房屋是在環曲之內。若是在環曲之外，那就形成了「反弓煞」，對房屋不吉。

玉帶纏腰的格局，對任何人都吉。無論是工薪階層，還是管理人員，都能夠積聚起財富。

三腳蟾蜍招財

相傳三腳蟾蜍原是一隻邪妖，喜愛金銀財寶，危害人間。後來，牠被道士劉海收服，口能吐錢，來濟貧助人。從此，牠被當做旺財瑞獸，用來招財轉運。

擺放三腳蟾蜍時，要把頭部朝內，不可朝外。要知道，蟾蜍口能吐錢，若向外吐錢，則有漏財之虞。

龍龜招財

龍龜，瑞獸一種，相傳為古代神龍所生之子，曾背負河圖洛書。龜背、龜尾有制煞解厄之效，龍頭有賜福之意。

龍龜放在財位可催財，放在三煞位或水氣較重之地最有

效。有些龍龜背部可掀開，可在裡面放入茶葉或米粒，能夠增強吉祥效果。

擺放龍龜時，龍頭朝向家內賜福；龜尾、龜背向外，以擋沖煞之氣；若放在老人房象徵長壽，則讓龍頭對著窗戶；龍龜招財，則須讓龍龜對大門或窗戶等氣口。

銅鈴招財

在風水上，銅鈴主要用來化解五黃之煞。但是，如果在銅鈴上加上小水晶和兩個小黃玉元寶，掛在門口，就可以達到開門見財之功用，因為水晶和黃玉具有納氣招財的作用。

安裝銅鈴的時辰有講究，應避開主人的生肖沖剋。比如，屬鼠的人不能在午時安裝，屬兔的不能在酉時安裝。

麒麟招財

麒麟是用途最廣的吉祥神獸，主正財、旺事業、催富貴、辟邪化煞，因此，在室內擺放一對開過光的麒麟，會給你帶來祥瑞。

麒麟用於招財時，通常放於財位上。比如，公司的財位、董事長的辦公桌上、家裡的客廳財位、店鋪的財位等。臥室裡不宜放置麒麟，否則會影響夫妻感情。

麒麟以金制的力量最強，但價值昂貴，通常都用銅麒麟來

代替，也利於化解五黃煞。

印章招財

印章象徵著個人的權力，在工作上有權威，主旺事業與財運。因此，可以利用印章來開啓個人的財運。經常使用印章，可以活絡財源、廣納財氣；把它收藏於印章盒內，則可以達到鎮守財庫之效。

印章的材質，以天然玉石爲佳。因爲玉石本身就是財富的象徵，更加有利於開運招財。

印章代表本人和錢財，因此儘量不要破損和缺角，否則可能會有意外、車禍等災。印章字樣須清晰，字跡模糊可能會引起頭腦糊塗、判斷不清、容易破財。

龍飾招財

龍，是至尊吉祥物，代表富貴祥瑞，有生旺和化煞之效。但是，招財龍放置的位置有講究，隨意亂放則有可能引起反效果。

俗話說：龍困淺水遭蝦戲。因此，不宜把龍置於乾燥的地方，魚缸旁邊是個不錯的選擇。而且，龍頭的方向要面向江河湖海的方向，若房屋離水太遠，也難以吸取水中財氣。如果屋前有污水、陰溝，則不宜擺放龍飾，這會讓龍受辱。

如果屋內及屋外均無水，可將龍飾放於房屋北方，北方水氣當旺，適宜喜水的龍。命格五行需金的人，可選擇金屬龍；五行需木的人，選擇青色龍或碧玉龍；五行需水的人，選擇灰色、黑色石龍；五行需火的人，可選紅色龍、壽山石龍；五行需土的人，可擺放黃色龍。

房屋中的龍飾，以一條、兩條、九條爲吉。若有九龍，則須有一龍在中央爲主龍，否則就是群龍無首，造成家庭混亂。

龍有威嚴之相，因此不宜擺放在睡房。特別是兒童房或生肖爲狗的主人房，如果擺放龍飾，是非常不利風水的。

古銅錢招財

古代銅錢，在風水上有特殊的作用。它不但能用來化解房屋的煞氣，也可以加強自身的財運。風水上常用的古銅錢，是指五帝古錢和六帝古錢。五帝是指順治、康熙、雍正、乾隆、嘉慶，六帝加上了道光。

古錢也可以與其他風水物品搭配使用，如放在貔貅上，可以加強貔貅的旺財效果，放在麒麟上，也可以增加化煞的效果。

如果用於催旺個人財運，可把一串五帝古錢，按順序串好後，放於錢包或手袋內，也可用布絹包好隨身攜帶。五帝古錢能催旺運氣，也能辟邪化煞。

若是爲了催旺家運，可將五帝古錢按順序鑲嵌在大門入口

處。如果想加強效果，可用五套五帝古錢，分別在大廳四角和中心，按順序放置五枚相同的銅錢。面對大門，左角放五個順治，右角放康熙，後左放乾隆，後右放嘉慶，中間放雍正。

風水輪招財

風水輪是目前較為流行的旺財用品，它是由銅管和銅盆構成一個迴圈水系。風水上說，水能聚財，而五行之中，以銅為金。因此，這個設計的目的，就在於以迴圈流動的水生旺財氣，以銅盆來聚財。

有的風水輪上有燈泡，是為了增強陽氣，加速催財。風水輪上的小水盆，其數目以4、6、9為吉。依據河圖，6屬水，能加強水氣，而4和9五行屬金，能生旺水。

水晶碎石招財

水晶內含有大量的能量，能夠和人體的磁場相互影響，進而調整五行的平衡，改善健康、愛情、事業、財運等方面的運勢。

可在家中的財位上，放置五色（白、青、黑、赤、黃）水晶碎石，以增加財運和貴人運。也可自製一個小荷包，在包裡放置水晶碎石。將荷包隨身攜帶，它能產生源源不斷的能量磁場，讓你旺氣提神，增強本身的氣場，進而提升財運及事業

運。

發財樹招財

什麼是發財樹？指的是那些有著厚葉的小型綠色植物，因為它們的厚葉片富含水分，因而是聚財的象徵。如果發財樹開花，則會帶來好運，因而要對其細心照料。

通常發財樹需要大量的陽光和少量的水，適量添加鉀肥。也可以在發財樹下壓一張大面額的鈔票，以錢養錢。

水晶簾招財

珠簾不會影響空氣的流通，它的作用是用來擋煞和啟動氣場，因此水晶珠的密度要高，不宜太寬鬆，珠子間距以不超過一根手指為宜。在長度上，用來擋煞的珠簾通常要垂到膝蓋，在視覺上要能夠擋住所要擋的煞物。

各種顏色的珠簾，均有不同的風水效果，但通常不宜選紅色的珠簾。新購回的水晶珠簾，可先用檀香、沉香進行消磁處理。

一進大門，就正對著窗戶或陽臺，這種格局被稱為「穿堂煞」。由於氣流直來直去，無法停留在屋內，說明家財難以聚存，留不住。

這種情況下，通常需要在中間擺設屏風或植物來化解沖

煞。但若是懸掛水晶珠簾，不但能達到化煞的效果，更可以借助水晶簾的擺動，活絡氣場，啟動財運。

水晶簾本身能夠散發能量，改善氣場。因此，當兩個房門對沖，廁所門對著房門或餐廳時，都可以懸掛水晶門簾來化解煞氣或穢氣。

Question

風水魚招財

在風水中，水主財，而魚與「餘」諧音，象徵「富貴有餘」，因此，家裡擺放魚缸可以增強人氣與財運。但是，魚缸的擺放很有講究，一旦擺放不宜，可能適當其反。

魚缸要放置在吉利的方位上，才能把吉利方位的靈動力催動，再配合自己的命卦及房間的坐向來做風水設計。養什麼魚和選擇哪種顏色的魚、魚的數目等等，都有講究，而不能根據個人喜好，隨意決定。

Question

聚寶盆招財

許多人為了提升自己的財運，都會在家裡或辦公室放置一個聚寶盆。其實，聚寶盆不一定非要是製作精美的工藝品，也可以根據需要自製。

選一隻黃色或橘色的甕，應肚大口小，將不同幣值的錢幣放在甕底，再放入五帝錢、朱砂、磁鐵，之後再將黃水晶碎石

裝入甕中，直至八九分滿，最後在上面壓一顆水晶球或幾個元寶形的水晶。如果將聚寶盆放置在玄關或梳粧檯下，更能增強財運。

霧化盆景催財

霧化盆景是目前較爲新潮的催財物品，中間有石山草樹，四周有水環繞，其中有噴頭噴射出極細的水線，形成霧氣蒸騰的現象，極爲美觀。

風水學上認爲，水主財。霧化盆景要放在屬水的方位，可以增強財運。忌水的地方則不可放置，如財神之下方等。

財神位置

安奉財神的位置，通常是在財位或者吉位。文財神通常放在進門後的左右兩邊，面向屋內；武財神應面向屋外或大門方向。文財神是送財的，面向外面，等於是向外送財。武財神面向外面，一方面可以招財入屋，另一方面可鎮守門戶，防止外邪入侵。

通常來說，文財神適宜文職或較爲靜態的工作性質，如公司或辦公室職員、店鋪生意等，均宜擺放或供奉文財神，想要官場得意，通常要供奉文財神；而商場競爭，則以武財神作靠山。因此，一些經商做老闆、軍人、從事武職或生意偏門、有

投機性質的行業（股票、期貨）等，適合擺放或供奉武財神。

正財神趙公明

正財神趙公明是民間供奉最多的財神，在古代年畫裡面，趙公明頭戴鐵冠，手持寶鞭，黑面濃須，身跨黑虎，面目猙獰，因此人們又稱他為武財神。

最初，趙公明為專司秋天瘟疫的瘟神，這記在晉代《搜神記》當中。到了《封神演義》，姜太公奉元始天尊之命封神，把趙公明封為專司人間財富的財神。從此，趙公明成為民間百姓求財致富所拜之神。

文財神范蠡

文財神范蠡是春秋時期的政治家、謀略家、大商人，越王勾踐的士大夫。越國被吳國打敗之後，範蠡與越王成為吳王夫差的階下之囚。他輔佐越王臥薪嘗膽，重整旗鼓，滅了吳國。為防止兔死狗烹，他主動辭官隱退，更名陶朱公力治產業，積累家產數萬。

范蠡一生艱苦創業，積金數萬，善於經營和理財，又能廣散錢財，故民間百姓稱其為文財神。

武財神關公

關公就是三國時期的關羽，他是一個家喻戶曉、婦孺皆知的人物。他一生忠義勇武，爲佛、道、儒三門所崇信。明清之時，更被尊稱爲「武王」、「武聖人」。

百姓認爲關羽是全能之神，能治病除災，驅邪避惡，民間各行各業都對關帝進行膜拜。商人們敬佩關公的忠義和守信，把關公當做發財致富的守護神。

關公像分爲兩種，紅衣關公放在家中保平安，彩衣關公放在店鋪可招財。

偏財五路神

風水學中，五路財神指的，是趙公明元帥、招寶天尊蕭升、納珍天尊曹寶、招財使者陳九公和利市仙官姚少司。路神，又指路頭、行神。五路，即五方：東、西、南、北、中，意思是出門有五路神保佑，可得好運，發大財。每年正月初五是五路財神的生日。古時百姓在四晚舉行迎神儀式，初五早上燃放鞭炮，歡迎財神。

「活財神」劉海蟾

劉海蟾，原名劉海，五代十國時代的人，曾爲遼朝進士，後作爲丞相輔佐燕主劉宗光。傳說他喜歡鑽研「黃老之學」，後被呂洞賓引渡，悟道成仙，雲遊於終南山、太華山之間。據說，他曾收服一隻三腳蟾蜍怪，此怪以吞食金銀財寶爲生。蟾蜍被收服之後，沿路爲貧窮百姓吐金錢，人們感激他，稱他爲「活財神」。

● 邪財神四面佛

四面佛，是婆羅門教的一位神，又稱爲四面神。四面佛掌管人間的一切事務，其四面，分別代表事業、愛情、健康和財運。正面求生意興隆，左面求姻緣美滿，右面求平安健康，後面求招財進寶。也有一種說法是，四面代表四種功德：慈、悲、喜、舍。

四面佛要環視四方，因而不宜放在室內神龕中，更不可與其他神像並列放置，而要放在花園中、院子裡或天臺上，露天供奉亦可。

● 文昌帝君

文昌帝君，又稱梓潼帝君，是古代文人科舉考試的保護神。由於古時學而則仕，讀書人要改善生活，只能通過科舉做官，因此文昌帝君又被奉爲文財神。

文昌名稱來自文昌宮，爲北斗六星的統稱，主管功名利祿。據《明史》記載，古時四川張亞子，爲報母仇就遷往梓潼，幫助晉國打仗，戰死沙場。民間設祠紀念，後被道教吸收爲神，在文昌府中主司祿籍。因此，後世所敬文昌帝君是文昌與梓潼的結合體。

福祿壽三星

很多人家喜歡在牆上張貼福祿壽三星的圖畫，把他們的神像放在財位上，也能增強財運。福星神的形象是手抱小孩，象徵福氣臨門之意。祿星神，身穿華麗官服，手抱如意，象徵加官晉爵，增祿添財。壽星神，手抱壽桃，象徵長壽安康。其中，只有祿星是文財神。

三星拱照，滿堂吉慶，能量更強大。

財帛星君

財帛星君是一個白面長髭的富態老者，他身穿錦衣系玉帶，左手捧著一只金元寶，右手拿著「招財入寶」卷軸。

財帛星君，原是天上的太白星，屬於金神，他在天上的職銜是「都天致富財帛星君」，專管天下的金銀財帛，因此被民間百姓奉爲財神。

坐東南向西北的建築物裝飾

從風水學的觀點來看，坐東南向西北方位的建築物屬「木宅」，把建築物設在此方向，員工工作時能夠提高工作效率，並能對自己的工作提前作一定的規劃。朝向西北的方向應該設大窗，窗子要保持乾淨，窗外無障礙物。但是在冬天時會有北風吹來，辦公室的設計不可順木性，不可做深長的設計，但是可以做寬淺適中的設計。在內部裝飾上，應該以銀白或灰色裝飾牆面，一些小部位的銀色或金色會顯得更陽性一些，淡灰色會更安靜，更陰性一些。這樣積極的氣就會流向西南，東北、西和北部。在建築的西南和東北一帶可以鋪地板，為了加強金的成分，可以選擇石質或大理石作為地面。因為平滑的磨光面會使陽性的性質強一些，這樣氣就會流動快一些。使用金屬的或自然的材質是較佳選擇。另可用局部燈光照亮室內某一部位，或用圓邊的葉子的植物裝飾室內。

坐東北向西南的建築物裝飾

在五行中，坐東北向西南方位的建築物屬「土宅」，土的性質厚實寬廣，能滋生萬物，此時辦公室的佈置，應該給人以寬大厚實的感覺，反之，如果狹窄擠迫，初時雖然無害，時間長了，則妨害福氣的綿延久長，事業吃不開，出現後繼無力的

現象。寬大厚實的辦公室蘊涵栽生大樹的根源，可以使負責人的事業在穩健中發展茁壯。

如果是做零售業，在外觀上，最好有一個朝西南的獨立入口，這樣更有助於員工務實。當然，如果希望公司能更慎重處理好商業上的問題，最好把入口設在南面方向。在內部裝飾上，黑色的物體和黃色的牆壁比較好，特別是在建築內部靠近南、西南、西、東北和西北的部分，橘黃色會帶來更多的陽性，而棕黃色則會顯得更陰一點。為了加強這種效果，可以鋪上赤色地板。軟質本色的地板會更陰柔一些，自然材料的傢俱或小的金屬傢俱會使室內看上去更豐富，布窗簾或纖維百葉窗也比較好。低一些的線條豎長一些的物體比較好一些。從頂上下射的白熾光作為照明是比較好的選擇。在室內還可以選擇低矮的向外延伸的植物。

坐北朝南的建築物裝飾

風水學認為，坐北朝南方位的建築物叫做「水宅」。水的性質利於藏風聚氣，因此在佈置辦公室時，辦公室的設計如果水淺露底，那麼冬天時，北風得以長驅直入，則令大魚悠遊，反有害於聚財獲利。所以應該設計的深沉不露，別有洞天的感覺，反之，中國的建築物大部分都是坐北朝南的，大到國家廟堂，小到百姓的起居室。這些尤其利於經營不動產的行業者規劃之用。

風水中的「坐北朝南」對生活、工作、學習影響至深，這是因為中國地處北半球，人們的生產、生活都很依賴陽光，而北半球的陽光大多數時間都是從南邊照射過來，而決採光的朝向必然是朝南向的。以至於風水中的方位觀念很少用東西南北來表示，大多用前後左右來表示。

外觀上，一個朝向南面的入口可以讓這個方向的氣順利地流動，使員工可以更有效地考慮問題。內部裝飾上，在室內的東部、西南、東北位置，紫色牆壁會容易把南面的氣反射進來。紫紅色會有更多的陽性，淡紫色和藍靛色的有一些陰的屬性。同時也可以選擇一些直條、星狀或梯形，同時採用木質的地板、傢俱和百葉窗，以及明亮的燈如鹵素燈來照明。

坐西朝東的建築物裝飾

風水學認為，坐西朝東方位的建築物被稱作「金宅」。這樣的辦公室會太過明亮，有傷屋內陽氣，影響男性負責人的財運和身體健康。因此如果不是女性掌權的公司，很容易影響財運。

辦公室的設計在外觀上也宜選擇坐西朝東的方向，因為這個方向能夠讓員工開發新方案。在內部裝飾上，綠色的牆壁會加強向上的能量，尤其是在房屋的北、東、東南和南部。明亮的綠色會增強這種氣，蠟綠會顯得更陰一些。使用木質地板、傢俱和窗簾會讓氣更有創造性。深色的木質象徵更加規則和組

織性。水準直線的東西和形狀會讓人更舒服一些，高大的傢俱會讓氣向各個方向流動，而高大的植物和向上的燈光會更好一些。另外，還有一個加強能量的方法，就是放置一個水景，如果有高大的植物那是最好的。將公司的目標和發展規劃設在東方位，也會對其有一定的激勵作用。

坐東朝西的建築物裝飾

　　從風水學的角度看，坐東朝西方位的建築物稱作「木宅」。木的性質宜深長和方正，因此辦公室要造得比較高而深，有一種悠長的縱深感，它的佈置應以方正大氣為上，反之，如果辦公室佈置寬而淺，就會使人身心不能調適，或有精神方面的疾病發生，因為這些不合木的本性。

　　外觀上，這個方向的入口會使西南的陽光進入室內，更適合從事財務或競爭性的工作。內部裝飾上，紅色、栗色、亮灰色和粉色會增強向上的能量，尤其是西南、東北、西、西北和北部作為燈的顏色裝飾效果比較好，以亮紅色為最好。亮灰和粉紅色會把這種感覺減弱一些。石材的或陶瓷的地面用在西南、東北、西、西北和北面比較好一些。用地毯、石材或木質地板裝飾可以延續這種積極的能量，本色的木質地板是首選。使用金屬和自然的纖維和金屬的百葉窗也不錯，還有球形、弓形、圓形的射燈和圓邊的葉子會讓氣流動更快。

坐西南朝東北的建築物裝飾

　　風水學認為，和坐東北朝西南方位的建築相同，坐西南朝東北方位的建築物在宅相中稱作「坤宅」，屬土。辦公室的格局，如果狹窄擁擠，則多有事業後繼無力的現象，要厚實質廣，以栽生大樹。在外觀上，這個方向會使人更有活力和競爭力，內部裝飾上，白色的牆壁會加強這種積極的能量，尤其是在南、西南、東北、西和西北。在南，西南、東北、西和西北部位用明亮的紫色或黃色會更好，為加強土的性質。棉窗簾纖維百葉是有利的，低矮的金屬或木制的傢俱也有很好的效果。

坐西北朝東南的建築物裝飾

　　在五行中，坐西北朝東南方位的建築物稱作「金宅」。金的性質利於明亮，而切忌光不足，否則會使負責人思考力遲滯，無法有大成就。因此大堂的設計應使其燈火通明，光明燦爛，多予人聰明秀氣的感覺。外觀上，這個方向使員工更具有想像力、創造力和聯想力，內部裝飾上，在北、東、東南和南的方位應以深綠色或藍色的牆壁比較好。深綠的顏色會更有陽氣，水洗的綠色會有些陰性，而高的傢俱會加強氣的流動，使用木質地板、傢俱和窗簾則會更陰一些。木的使用要在北、東、東南和南面。

加強能量的方法上，可以加上水景，周圍用深綠色的植物，並在東南方向陳設公司的目標和計畫有助於公司內部團結。

坐南朝北的建築物裝飾

在五行中，坐南朝北方位的建築物稱作「火宅」，在對「火宅」的辦公室進行設計時，如色調淺浮，火虛而不實，則易招官司或犯火災，應採用深色系列的顏色比較合適，可以給人強烈的質感，而有莊嚴持重的感覺。外觀上，如果不是需要深思熟慮的工作，最好把入口選在西北方位，因為朝北的入口讓人感覺非常深靜，所以內部裝飾上，乳白色的牆壁可以使氣流動迅速，尤其用在西、西北、北、東和東南比較好。小範圍的紅、銀或金可把陽的屬性加強。還可以在西南、東北、西、西北和北部的位置，用木質地板、大理石或石材做地面裝飾，起伏型、柔和的燈光更好一些，用金屬、木質的或玻璃的傢俱和設備或金屬百葉。另外，可以放置一個大的貝類或玻璃雕塑來加強這個方位的能量。

各個行業的最好入口方位

風水學認為，在選擇朝向時應該根據經營行業的店鋪不同而不同。現介紹各行各業的吉方位如下，以供參考。

1.食品店

魚店、海產物批發店，應把主廳建在東南、東、南方位，用陳列台或箱子等掩蓋正中線、四隅線則吉。加工食品店在南、東南方向則吉。西南則擺商品陳列台、客人用的椅子等即可，入口最好設在東南、南、東。

2.水果業

把新鮮的貨品擺在北、南則生意興隆，入口設在東、東南、南、西北則吉。

3.餐飲業

餐廳、咖啡專門店，酒吧、飲食店、酒廊等，關鍵在於北，若將北方用做大堂則吉，東南有突則生意興隆。烤肉店、炸雞店等用火的生意，廚房在東或南則吉，倘只是用火，則南最佳。

4.西點業

西點麵包店把入口置於東南、東、南則吉，但開閉門不可在正中線、四隅線。至於糖果公司、辦公室、公司建築物的東南與南有突則為吉，工廠則宜將與火有關的建築置於南方位。

5.電器業

電器行、水電行將客廳的門建在東與南、東南則吉。

6.傢俱業

傢俱店、木工工廠在東南與西北造突則吉。倘若南面與西面有入口則借陳列台等堵塞。

7.照相業

如東南、東、南、西等四方位有入口則吉，若是照相館，櫃檯置廠從店的中心看是西北，東南則經營穩定。

8. 鐘錶、貴金屬商店

在東、北、西北任一處造突。如果規模較大，就造二方位的突，即使小店也要造一方位的突。出入口若在東，東南、南則為大吉位，即使在西亦為吉相。此種行業宜選擇東側與南側二方位有道路經過的東南角地。

9. 紙業、製藥業

藥局若入口在東南、東、南則吉，但要避免正中線、四隅線，若在西北造突，門在東、東南、南為佳。

10. 雜貨店

雜貨店把櫃檯置於西北、東南、南、北任一方位即可。

11. 服飾店

入口在東南則大吉，其次依序是東、南、西北。

12. 園藝店

花店將入口設幹東、東南、南則吉，若不得已設於西北也可。

商業空間裡財位的佈置方法

如果大門開在中央時，財位就在左右對角線頂端上。如果大門開在右邊時，財位就在左邊對角線，一般來說，財位的位置多在大門對角線的頂端上。財位的佈置方法主要是：

1. 財位忌凌亂震動

如果財位長期凌亂震動，就很難把財固定住。所以財位上放置的物品要整齊，不可放置經常震動的各類電視音響等。

2. 財位忌受污受沖

財位應該保持清潔，倘若廁所浴室在財位或雜放在財位，就會玷污財位，令財運大打折扣，不但使財位不能招財，反而會破財。

3. 財位忌無靠

財位背後最好是堅硬的兩面牆，因爲象徵有靠山可倚，保證後顧無憂，這樣才可藏風聚氣。倘若財位背後是透明玻璃窗，不但難以聚財富，還會有破財之災。

4. 財位不可受壓

財位受壓會導致家財無法增長，倘若將沉重的衣櫃、書櫃或組合櫃等放在財位令財位壓力重重，那便會對家宅的財運不利。

5. 財位忌水

最好不要在財位擺放水種植物，也不要把魚缸擺入在財位，以免見財化水。

Question

商業財位的擺放

商業財位怎樣擺放才會比較適宜呢？主要有以下幾點：

1. 宜亮不宜暗

財位明亮的話，房子就會生氣勃勃，財位如果有陽光或燈光照射，對生旺財氣大有幫助；如果財位昏暗，則有滯財運，需在此處安裝長明燈來化解。

2.宜整潔

財位要盡理量保持整潔，避免通透，所以要儘量把其放在安全的地方，最好不要設開放式的窗戶，因為開窗會導致室內財氣外散。如果有窗戶，可用窗簾遮蓋或者關上窗戶，這樣財位就不會外散了。

3.宜擺放植物

植物不斷生長，可令家中財氣持續旺盛，運勢更佳。因此在財位擺放常綠植物，尤其是以葉大或葉厚葉圓的黃金葛，橡膠樹、金錢樹及巴西鐵樹等最為適宜，但要留意，這些植物應該用泥土來種植，不能以水培養。財位不宜種植有刺的仙人掌類植物或藤類植物。

4.宜放吉祥物

財位是聚財的地方，如果在此擺放一些寓意吉祥的招財物件，例如福、祿、壽三星或是文武財神的塑像，會達到錦上添花的效果。

5.宜坐宜臥

財位是一家財氣所聚的方位，可把睡床或者沙發放在財位上，在財位坐臥，會壯旺自身的財運。此外，如果把餐桌擺在財位很適合，因為餐桌是吃飯的地方，在吸收食物能量的同時，又吸收財氣，可以有雙重效果。

商業中用於開運的物品

　　風水學認為，吉祥物可以根據個人的喜好來選擇一些擺放在家中。總的來說一般有以下幾種：

　　1. 財神

　　民間流傳的財神有很多種，但大致可分為兩種：（1）文財神，分為福、祿、壽三星以及財帛星君；（2）武財神，是威風凜凜的猛將趙公明，相傳他不但能降妖伏魔，又能招財利市，一般居於北方的商人多擺放此神，南方大多供奉關公。武財神應面向屋外擺，或面向大門，既招財，又可以鎮守門戶。

　　2. 靈蟾吐錢

　　三條腿的蛤蟆叫蟾，牠背北斗七星，嘴銜兩串銅錢，頭頂太極兩儀，腳踏元寶山。擺放時蟾的頭要向屋外，不宜向門窗，否則就把錢吐到外面。

　　3. 貔貅

　　神話中的一對神獸，在民間被視為招財的吉祥神物，創造者將牠設計成一公一母，通常以一對做擺設，公的主招財，母的主守財。擺放時應頭向門窗，因為牠喜食四方財。

　　4. 魚缸

　　水主財，尤其流動的水，稱為活水，是能引動財路、財運、財源的流動、綿延不斷而來的。所以擺設魚缸可幫助找來綿延不絕的財運。

當然，除此之外，還有其他一些的吉祥物，就不一一列舉了。

商業中有哪些開運植物

商人可以在財位，如會計部、收銀機、保險箱等金錢流通比較多的地方放些常綠植物，在室內的植物有兩種作用：「化煞」和「生旺」。代表「化煞」的植物為仙人掌等特殊植物，代表「生旺」的植物為常見的綠色長青植物。一般而言，辦公室比較適合養植大型觀葉植物，個人辦公桌可放些小型常綠植物。因此，一般職員可以在桌上放些小型綠竹盆栽，以求吉利。在東方位宜放置：玉蘭、柳樹、櫻桃、印度杜鵑花、歐丁香，香忍冬和山茶花，代表擁有家庭與健康。東南方宜放置：楓樹、花揪果樹、扁桃、桃樹、洋李、紫藤、玫瑰、梔子和鐵線蓮。代表著擁有財富和成功。擺放在南方，代表著擁有聲譽與學識。在北方宜放置：玉蘭，蘋果樹、梨樹、繡球和牡丹，代表著擁有事業。

招財進寶

商業聚財篇

　　風水學認為，宇宙和大地中的萬事萬物都蘊藏著氣，優美的山川景色會使得生氣叢生，而破敗的殘垣斷壁則導致衰氣聚集。在有山川和美景的地方，氣的流動作常順暢。而在殘垣斷壁的地方，氣的流動則會經常受到阻滯。

　　商店處在優美的自然景致之中，也擁有豐富的大自然的生氣，便能夠生意興盛，客流源源不斷。而對於處在惡劣環境的商店來說，則極容易使生意的經營陷入困境。

　　大樓如果用於商業用途，可以根據九星風水，配合經營者的命格，選擇向著旺氣、生氣、進氣的大樓，這樣才能讓生意興隆，事業發達。大樓向著旺氣方，可興旺發達，向著生氣方，生機勃勃，事業穩步向前發展：向著進氣方，財源廣進，穩定發展。

選址要注意周圍道路情況

如果你要選擇一個店鋪位址，那麼，下面幾個與道路有關的因素必須要考慮到：

1. 在路口經商會有利於聚財

四面道路的人流車流來去匯聚於此，車水馬龍，匯集於明堂水口，會是很好的風水格局。

2. 「上有高架道路，中有安全島」會影響財運

這樣的道路不僅會阻礙人流，而且還會影響財運。

3. 「路沖」遮擋財路

路沖煞的格局不僅容易給居住者造成傷害，而且還會擋住店鋪的財路。

4. 曲路有利於匯聚人氣

在接近道路彎曲處的地方開店，要選擇在弧形的道路內側一邊。稱為「內弓水」或是「腰帶水」，商業空間面對的是這種「玉帶環腰」的道路，將可導引良性能量緩緩進入大門，不僅有利於客源充足，而且也會利於財氣的發生。

5. 街道的右方容易生財

如果店鋪旁的馬路是單行道，則一般應選擇右邊的位置。因為地球的南北極的磁場較強，而地球是自西向東進行自轉，所以河流或者馬路右岸的地方會最先接收到一些好的磁場，進而變得繁榮起來。

6. 接近天橋口的地方有利財運

在城市中會有跨越馬路的天橋，天橋也是路的一種，天橋口便是水口所在位置，在靠近水口位的商店一般都會有較好的客流量。

7. 接近隧道口的地方會造成傷財

因為隧道口是向下凹的交通管道，會把車流引走，因此無法聚氣和聚財。

8. 底層的樓房可以收財

商店應當儘量設置在較低的樓層內，這樣不僅可以收到水氣，而且有利於店鋪的經營。

店鋪靠近馬路

風水學認為，馬路就是「水龍」，而道路交匯的地方也就是匯水口，所以位於十字路口拐角處的商業大樓都有非常不錯的財運風水。在風水中，十字路口被稱為「四水到堂」，這裡不僅擁有較為開闊的明堂，而且車水馬龍匯集於此，非常有利於財氣的聚集，如果再加上有個性又醒目的名稱，以及獨特的裝修風格，一定可以獲得非常好的商業前景。

對於商業選址來說，人流和車流是重要的參考因素之一。但如果將商業大樓選在大馬路邊，寬闊的道路雖然會有大量的車流和人流，但是由於速度太快，所以人氣也無法被聚集起來。而且為了安全起見，大馬路中間一般都會設置安全島。這

樣一來，就算這條路經過的人再多，也很少有人會願意特意穿過馬路去看看。匯集的人氣被寬闊的大馬路阻擋，就算地段再好也無濟於事。因此，相比之下，車流少、人流大的中小道路才是店鋪的最佳的選擇。

選擇天橋口的大樓

橫跨馬路的人行天橋也是道路的一種，如果按照風水學的觀點來看，天橋也應該屬於水龍，因此天橋口也可以看作是水口位。對聚水、生財十分有利，靠近天橋口的大樓是很適合用來開公司的。

大樓的出入口靠近地下通道口

隨著城市交通日益立體化，地下道很常見。這裡往往有較大的人流量，因此許多人選擇在地下道出口附近開設店鋪。但風水學認為，並非所有的地下道出口都適合開設店鋪，只有在通向捷運站的地下道出口附近開設店鋪，才能真正達到生意興隆的目的。這是因為，與普通地下通道的人流疏導不同，經過該通道口的人流會匯聚在捷運站中，面且捷運的進出站也會帶來大量的人流，人氣自然也就會旺起來了。

一般來說，大多數地下道出口的附近都不適合開設店鋪，因為它的走向是從上往下的，這樣下沉式的格局在風水上比較

忌諱，既不聚氣，也不聚財，還會將人流引向其他地方。即使大樓的入口不在地下道出口旁，在地下通道入口旁也不好，因為人流雖然從門口進入，但會很快從另一個出口流失。商業大樓接收不到人氣，運勢自然也就不會太好。

店鋪選在車站和停車場附近

現代社會，汽車為人們最重要的交通工具之一，因此，車站和停車場附近往往積聚著大量的人流，因此車站和停車場附近都是開店的黃金位置。根據地形的特點，距離車站100～200米的範圍是店鋪選址的最佳地段，適合用來做食品、書報、速食等價格便宜、購買方便的商店。

從風水學的角度來分析，道路被視為是河流的象徵，而行駛的車子就是河流中的水，車站和停車場就是匯聚這些「水流」的地方。所謂水能聚財，無論是汽車站、火車站、公車站、捷運站還是碼頭，它們所帶來的人氣最終都會匯聚在此，車站和停車場也因此成為聚財之位。

根據業主性別選址

風水中有「左青龍、右白虎」的說法。青龍是陽性的力量，是男性的代表，而白虎則是陰性的力量，是女性的代表。

在選址時，如果業主是男性，則需要重視所選地點左邊的

位置。如果左手邊有高大的建築，則此地陽性力量較爲旺盛，能夠幫助男性業主建立事業，也可以剋制小人，減少是非。

如果是女性業主，則需要右手邊有高大的大樓，而且高度一定要超過左邊的青龍位。這樣的格局，更有利於女性權勢的鞏固。

Question

店鋪選址要取南向

無論是房屋還是店鋪，人們都應儘量選擇坐北朝南的坐向，避開坐南向北的坐向，主要目的是爲了避免夏季暴曬和冬季寒風。

作爲純粹經商而使用的店鋪，在進行相關經營活動時要把全部的門都打開。如果店門是朝東西開，那麼，在夏季，陽光就會從早晨到傍晚，將店門到店內都照射通透。夏季的陽光很熾熱，在風水中將此視爲煞氣，這種煞氣對商店的經營活動也是非常不利的。

但如果店鋪朝向東、西或西北方，人們應注意化解夏冬帶來的煞氣。比如可以在店前撐個遮陽傘，掛遮陽簾等，以避免直接日曬；冬季則可在店門安裝保暖門窗，室內安裝暖氣設備，使溫度回升，營造人們適應的活動場所。

Question

店鋪不宜正對其他建築的牆角

如果選中正對著其他建築的牆角的店鋪，就會產生「箭煞」，對商品的經營非常不利。如此的風水格局會導致店鋪內的生氣不足，不利於「藏風得水」，且容易產生兇氣，自然店鋪的生意也不會好到哪裡去。

店鋪應遠離高架橋

隨著經濟發展，城市道路不斷向城市的不同空間進行拓展，大量高架橋也隨之而出現。由於拆遷、地理等諸多因素，高架橋也越修越彎，高架橋的出入人口越來越多，彎道則是多而急，因此高架橋也被稱為「九曲十八彎」。高架橋附近的熱浪一波接一波，一旦湧進店鋪裡面，加上噪音、廢氣、灰塵、熱氣、輻射和光線等，就會大大改變附近房屋內的磁場和人體的能量氣場，店鋪的財氣和運氣也會因此受到影響。

店鋪選址遇到單行道

按照風水學的觀點，「左方為心，右方為中」。所以，在單行道旁邊做生意時，需要以選擇右方的店面為主。這樣便會吸收順行車流的生氣，達到旺財的作用。從日常生活來說，右側為車輛的順行向，顧客出入店鋪時候也比較方便。

三角形用地

　　三角形在五行中屬火；具有很強盛的力量，並且不容易被控制。三角形用地，自古以來就被認為是凶相的地形，它的火性屬性容易使商業無法穩定，對財運有很大的影響；另一方面，三角形地狀也無法充分利用，會造成面積的浪費。古人往往在三角形的最小的頂點處，蓋間小廟或土地公廟等；現代則在銳角的頂點處，築圍牆，而使其成為四方形，藉以除厄運。

　　如果沒有其他的選擇來避開三角形用地，可以對其進行合理的規劃，化解其地形所帶來的風水不吉利等問題。首先，可以將店鋪主要的功能區設在三角形的底部。然後利用空間規劃，盡可能地把主體空間設置成方形。其次，在剩餘的不規則的區域內，可以設置為庫房、水電房、停車場等，這樣既利用空間，又避免沖煞。最後，也可以在三個尖角處種植樹木，通過樹木的能量來促進氣場的波浪性流動，才能對尖角的沖煞有化解作用。

犯穿心煞的商業選址

　　「穿心煞」指的是直接穿宅而過的一些建築、形態或物件。例如：樓底下建有管道穿宅而過；樓面有電纜或中空管道跨宅通過等，這都是犯了穿心煞。其對店鋪的實質性影響程

度，則視距離遠近而定。犯穿心煞的物質，多帶有流動性，如暗渠、電纜、水流、電流甚至氣流，均形成流動，它首先影響的是店鋪的穩定氣場環境。

變形的穿心煞，指的是建築物中的承重立柱，在房屋區間劃分過程中，被懸架在區域的中間位置，被稱為「穿心柱」。不單是使宅內人口活動受阻與不便，更會因此導致使用者各方面運程出現反復。在地鐵或隧道上蓋的房屋，便是犯了「穿心煞」，低層數的店鋪宅運不穩，財運差，且居住者身體健康較差、極易生血光之災。解決方法是擺放銅葫蘆和五帝明咒，就可以避免地底穿心煞所造成的運氣反復。

犯沖天煞的商業選址

窗前見煙囪，俗稱沖天煞或沖煞，如果有三支或五支煙囪則稱為「香煞」。犯這等煞，店鋪主人易患上半身疾病，如胃病、喉病、胸肺部之毛病。在屋的不同方位都會影響不同的人；在東方，長子多病；在東南，長女多病；在南方，中女多病；在西南，母親多病；在西方，少女多病，在西北，父親多病；在北方，中男多病；在東方，少男多病。化解的方法是：化解沖天煞的辦法是最好不要開對著煙囪方向的窗戶，並用屏風或窗簾進行遮擋。如果煞氣在門口，就應該設置玄關，令煞氣不能進入。

犯探頭煞的商業選址

探頭煞指的是，從店面門口往外看，能夠清楚地看到對面建築突出的部分，比如水塔、空調等，這種情況都可以說是犯「探頭煞」。對面建築突出的部分就像是人探出的頭來偷窺店鋪，這樣就寓示著生意中容易碰到小人，導致財運的流失，或是店鋪被盜。如果是兩座相鄰的辦公大樓，站在其中一座樓的辦公室裡，會看到對面辦公室突出的部分，這種情況也是犯了探頭煞。這種格局也不好，公司容易出現偷盜行為，員工容易以公謀私。簡單實用的化解的方法是在面對形煞的方向懸掛一個凸鏡，利用凸鏡的分散作作以化解沖煞。

店面的朝向

在選擇陽宅的基址時，從風水學上來說，最好取坐北朝南向，其目的就是為了防止夏天陽光的直射和冬季凜列的寒風。經商店鋪的選擇上，也同樣要考慮到這兩個問題。如果店鋪門面朝北方開，冬季來臨會很影響生意，尤其冬天經常颳風，強風往往是直接吹進店鋪，尤其在風水學上，也視寒氣為一種煞氣，寒氣過重，對人對經商活動都不利。寒風襲來，店員難以忍耐，影響心情，勢必影響生意的成交，進而不能達到商品銷售的目的。

店鋪制「煞」

如果店鋪開在東西或西北方向，就要採取措施來制止住夏冬兩季帶來的煞氣。在夏季，可在店前撐遮陽傘、掛遮陽簾、搭遮陽棚等等，以避免烈日的直接暴曬。在冬季，則需要給商店掛保暖門簾，在店內安裝暖氣設備，使店內溫度回升，造就一個適應人們進行正常的經營活動的環境。這種調節寒暑的辦法，風水就叫做「陰陽相剋」或「五行相勝」。

店鋪外觀的風水要求

從風水的角度而言，店面內部的顏色，要與店主的八字、店鋪大門的朝向以及販售商品的五行屬性相結合進行設計，首先應將商品的屬性納入木、火、土、金、水五大類，然後根據店主的命理資訊和商店的風水資訊，再具體確定商店內部裝飾的主要色調。

一個商店的外觀造型的協調性，應圍繞商店所經營的商品範圍，或是針對商店的行銷特色去進行設計，它的原則就是要使得顧客對商店的外觀產生認同感，借此外觀也能體會到商店的經營範圍，對於商品的宣傳和商店的經營都會有大的作用。

店鋪位址號碼

　　風水學認為，數字號碼對人們的運勢影響極大。因此，在為店鋪選址時也要注意店鋪位址的數字號碼所代表的吉凶含義，儘量做到趨吉避凶。

　　在風水學中，2，5，8，9，10一般是吉利的數字：2意味著容易，5意指與五個元素相協調，6代表財富，8意指致富，9意指長壽之意，10是確定之意。所以，像289號這樣的位址，它的意思就是：「容易致富」或「生意繁榮長久」。

　　與此相反，744則是指「肯定會滅亡」，或「生意一定不會成功」。數字4，因為它的讀音像「死」這個字，所以一般不要選擇。而數字1也不很吉祥，因為它會使得人變得「形單影隻」，不利於財氣聚集。

　　在為店鋪選擇數字號碼時也要注意，各國對吉祥數字的定義都不一樣，中國人一般以雙數為吉，西方人則偏好單數；中國人和日本人都忌諱4因此發音與「死」相近，而西方人忌13……因此給店鋪選擇吉祥的號碼或門牌不可一概而論，需根據當地風俗選擇，方能使生意興旺。

店鋪招牌名稱

　　對於店鋪來說，招牌的設置和商店的命名都同樣重要。招

牌必須在與店上的命理資訊相協調的吉祥時刻進行懸掛。如果店名意味著沒有運氣，則生意便不會興隆。

以「無利」命名的商店註定要關閉，以「順利」命名的店鋪則會獲得一帆風順的成功，以「廣利」命名則代表獲得巨大的成功，「廣益」則代表的是巨大的收益，「吉祥」則代表鴻運。

風水家中利用五元素戒律，來為商店起名稱，下表給出一些常見字及其五元素的關係，僅供大家參考。

水、火、木、金、土：

富度貴商營

凰堂關生宇

紅樂廣司安

福金宮廈無

壁店孔廠望

當五種元素及與它們相關的字在下列組合中相匹配，而組成商店的名稱時，五種元素的組合既有好的含義也有壞的含義。例如，以下這些組合的名稱是吉利的：

水＋木：水的滋養使木生長

木＋火：木的增加使火更旺

火＋土：火使土純淨

土＋金：金由土保護

金＋水：金使水富貴

以下幾種組合的名稱是不利的：

水+火：水可以使火熄滅

火+金：火會剋金，使金熔化

金+木：木會被土所覆蓋

土+水：水在土中會散發

店鋪取名的原則

為零售店命名時，一般應遵循以下原則：

1.容易記憶的原則

店鋪取名一定注意要方便記憶，只有這樣，才能有利於顧客的識別，也會提升店鋪形象的傳播。

2.暗示產品的原則

店鋪的店名應能夠暗含店鋪所經營產品的一些性能和用途，以利於顧客的認知。

3.支援標誌物原則

標誌物在商店形象中，可被顧客識別但無法用語言進行表達。如果商店的標示物能夠支援和加強顧客印象，則商店的宣傳效果也會得到改善。

4.啟發聯想的原則

這是指店名的設置一定要有寓意，使得消費者從中得到愉快的聯想，而非消極的聯想。

店鋪取名技巧

店鋪取名的技巧主要有以下幾點：

1.行業命名

服裝行業、娛樂業店鋪的名字應盡可能響亮炫目，文化或音樂影像業則盡可能含蓄內斂。此外，老字號應注意保留自己在消費者心中長期奠定的信譽。

2.因地制宜

店鋪取名，應適當地考慮店鋪所在的地理和人文環境，避免出現「雞同鴨講」，造成語言上的障礙。

3.上口易記

店鋪取名時，應充分考慮到消費者的接受能力，最好能建立在琅琅上口、簡單易記和便於傳播的基礎上，力求與消費者產生共鳴。

4.品牌優勢

如果一種產品已經在本地建立起一種小範圍的品牌優勢，並且有一些自己的專業客戶群，得到當地的普遍認可，則在為店鋪取名時應優先考慮藉助自我的品牌優勢。

5.業主愛好

業主的愛好有時也是店鋪起名的一個依據，業主根據自己的愛好或者個性對店鋪進行命名，不僅能增加顧客的好奇心理，而且可以藉此為自己帶來豐厚的利益。

店鋪裝飾與玄空風水之間的關係

玄空飛星的佈局，自古都是祕中之祕。店鋪裝飾時，可以按照以下方案進行佈局：

一白方位，可以佈局綠色植物或是屬木的物品。

二黑方位，可以佈置金屬器物或者屬金的物品。

三碧方位，可以佈置火器或是屬火的物品，如電器、燈管等。

四綠方位，可以佈置綠色植物或是屬木的物品。

五黃方位，可以放置「六枚古錢」或者其他的吉祥物。

六白方位，可以放置方形的時鐘。

七赤方位，可以放置圓形的時鐘或其他物品。

八白方位，可以放置形狀為三角形的物品。

業主的性別對店鋪選址的關係

風水中有「左青龍、右白虎」的說法。青龍象徵陽性的力量，代表男性，白虎象徵陰性的力量，代表女性，在店鋪選址時，如果業主是男性，就要注意所選地點左邊的位置，如果是高大的建築物，說明此地陽性力量較強，能夠說明男性業主建立事業，也可以剋制小人，減少是非。如果是女性業主，就需要看看右邊是不是高大的建築物，而且高度一定要超過左邊的

青龍，這樣更有利於女性權勢的鞏固。

業主的命運對店鋪命名的影響

一個合適的店名能夠提高店鋪的檔次，還可達到趨吉避凶、生意日旺的效果。

反之，如果店鋪名與業主姓名的五行相沖，就會造成事業受外力影響，讓經營者無暇顧及自己經營的事業，最後會因管理不善而造成經營的損失。

此外，爲店鋪命名還必須要根據業主的八字命運與面相命運，要考慮到業主的喜神方位及五行生剋關係，還要考慮到流年、大限以及業主的體形、膚色、語音等多方面的因素。

商業大樓的形狀

在選擇商業大樓時，不僅要注重它的位置，也要注重它的形狀所代表的風水含義。

一般來說，方正的形狀是大樓的最佳外觀格局。但現在許多商業大樓爲了突顯個性化，常常建構一些比較奇特的形狀，往往隱藏著不利的風水之效。

1. 回字形

爲了擁有較爲良好的採光，有的辦公室採用了中空的「回」字形設計，即辦公室中庭完全透空，只是四周作爲辦公

場所。這樣的設計看起來固然顯得比較時尚和獨特，但是中間的大天井使整棟辦公室缺乏中心。在沒有中心的辦公室當中工作，不僅業務發展會受到影響，就連老闆的心態和股東之間的關係都會受到影響。

2.L形

形如菜刀的L形辦公室不僅會造成採光的不均衡，而且會讓人看上去覺得不平衡。如果在這裡工作，容易使得人心神不定，無法安心工作。

3.U形

對於外觀呈U形的辦公室來說，最大的問題是頭重腳輕，會使得公司發展起來十分艱難，不容易得到支持和幫助。

Question

一樓獨高

許多人以爲，在一樓獨高的商業大樓中俯瞰四周風景，大有高人一等的尊貴感。然而，風水大師卻不建議人們選擇這種一樓獨高的大廈，因爲它們常常犯下了「孤峰煞」。

這是因爲，如果辦公室的青龍位、白虎位、朱雀位、玄武位都比自身低矮，看上去就會像一座孤島。沒有周圍樓房的保護，雖然辦公室很容易受到氣場的包圍，但是無法停留下來，很快就流失了，是一種較爲輕微的凶相。

如果選在這樣的辦公室中工作，容易陷入孤立無援的狀態，生意上難以得到朋友的幫助和扶持，也會使員工的流動性

較大，無法留住人才。

店鋪的坐向

每種行業都有各自的五行屬性，根據其屬性，就可以決定辦公環境的坐向問題。根據行業選定坐向後，最好選擇門開在朝上的大樓或辦公室，或考慮在朝上的方向是否能開門。

如果朝上不能開門，則應考慮是否可以透過改門的方向來與坐向相吻合。

什麼地段的店鋪最旺財

風水上說，水主財；古人則說，車水馬龍。在現代城市中，車流和人流就相當於「水」。水承流動之氣，因此店鋪的位址最好選在水流停聚之處，比如碼頭。

對於城市而言，水流停聚之處就是人流與車流的停聚之處，如停車場、火車站、捷運站、大商場等地方。但是，繁華地段租金相對較高，必須量力而爲；同時也要考慮到所售商品是否依賴巨大的人氣。

用人流方向提升店鋪財運

繁華地段，人流量大，最適合做生意。但是，若不注意人

流方向，就是吃大虧。比如：火車站的出口處，旅客從站中湧出，人流如潮。人流如河水，近水則生財，在這裡開飯店或旅店，當然是最好的選擇。若把店開在車站的進口處，財運定然不濟。

這就是來水和去水的區別。來水宜寬闊，去水宜曲折。這樣才能留得住聚氣生財。

對於普通的臨街店鋪而言，來水即入口，去水即出口。最適宜的水流方向是「龍方進，虎方出」，即左入右出，或者東進西出。這樣，水流方向與宇宙天體相協調，必然可以增強店鋪的人氣。

Question

● 在商廈裡找出旺鋪位置

要想在商業大廈裡找出旺鋪，首先要認清「來水」。湧動的顧客即「水流」，他們會沿著扶梯或電梯這個通路而行。要仔細觀察人們從電梯出來之後，主要人流的方向、逗留地點以及人行速度。

如果人流經過店鋪時，是緩緩而行，這可以說是舒緩的「有情之水」，必然可以增強氣場，生旺財運。如果人流經過店鋪時，匆匆而行，那就是不吉的無情之水，無法聚氣生財。

Question

● 佈置收銀機讓生意興隆

收銀機是店鋪的進財之位，如果在這裡精心佈置一番，可以說是事半功倍。

在風水上，貔貅、金蟾等物品是招財寶物，把它們擺放在收銀機上，可以達到招財的效果；也可以在收銀機上方懸掛中空的金屬風鈴，可以納氣招財。在收銀機旁的牆壁上裝設一面鏡子，可以映出雙位收銀機，代表財運翻倍。

用招牌生旺店鋪財運

招牌所用的材質與顏色，要依據五行之說來選擇，以此生旺財運。比如行業屬金，就要選擇黃色，即土生金。

招牌的尺寸大小要與店面相協調，最好也能符合五行數理：金為7，木為8，水為6，火為9，土為5。招牌旺起之日，要選黃道吉日吉時，招牌應擺放在店鋪的旺方。

商場的內明堂旺財

現代城市中，大馬路即為水，因此大門前若有環抱回環之路，即為吉。商場的大門可以設置為旋轉門，這樣可以讓氣流回轉緩慢進入大廳，避免氣流直沖大廳造成沖煞，這樣就聚水生財。

大廳可以做挑高設計來增強內明堂的寬敞度，再以芳香燈、盆栽、鮮花和造景作為點綴，增強內明堂的陽氣和活力，

讓氣場活躍起來，進而生旺商場的財運。

選擇旺財的店鋪

　　小型店鋪的旺財佈局和房屋一樣，主要考慮如何聚水旺氣。首先，要選擇那些明堂開闊的店面，店門前寬敞無遮擋，這樣才能聚水旺財；其次，選擇那些門前馬路環抱的店面，馬路為水，環水有情，則財運多聚。

　　店門前的明堂不宜出租給小商販，或者擺放其他東西。這樣做雖然能增加人氣，卻會分散店鋪的財氣。店鋪內燈光要明亮，不要因節省電費而讓店鋪顯得陽氣不足。

運用「五蝠臨門」增強店鋪財運

　　商店的大門是財氣的進出通道，也是顧客與商品的流通通道。可以說，顧客的人流如水流，水聚則財聚。因此，商店的大門不宜過小，門小則阻塞財氣的流通。

　　五蝠臨門，取蝠與「福」同音，吉祥招財。古時的設置手法是，在大門的正前方刻一個圓形，裡面刻五隻蝙蝠環列，中間刻一個「財」字。如今的店鋪多在馬路邊上，無法在門外刻畫，可以在大門內的大廳四角刻上一隻小蝙蝠，在大廳正中刻上一隻大蝙蝠。

超市招財忌諱

如果你開的是超市，那麼對於招財來說，有什麼樣的忌諱呢？

首先，不宜播放喧鬧的音樂。有一些超市為了營造熱鬧的氣氛，往往播放喧鬧的歌曲，而且會把聲音開得很大。其實這是一種聲煞，會讓顧客產生煩躁心理，而且會使往來的行人和周圍的鄰居感到厭煩。

其次，不宜把貨架擺在扶梯出口處。很多超市採用促銷的策略，並且把促銷商品擺在正對入口處，其實這在風水中屬於沖煞。而且，在現實生活中，顧客往往會繞開這些擋路的貨架。所以不妨把促銷櫃檯向旁邊稍移一些，千萬不要影響顧客購物。

最後，手扶梯不宜正對超市大門。顧客人流在風水學中屬於水，水是喜回環不喜直的，所以要儘量形成一種回環而入的格局。如果格局已定，那麼要儘量用貨架或其他物遮擋，不宜讓顧客一進門就正對扶梯，那樣對自己和顧客都是不利的。

玄關擺放盆栽納財

在玄關擺放盆栽可以活躍氣場，但得根據玄關的位置來挑選盆栽的顏色。一般來說，位於西或西北的玄關宜以白為主

要裝飾色調，位於北方的則以藍色爲主要裝飾色，可擺水栽植物，位於東北或西南方向的玄關應以黃色或金色爲裝飾主調，位於東方的玄關應以綠色爲主，而位於南方的則以紅色作爲裝飾色，或者掛一副大紅的中國結。

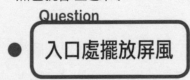

Question

出入口旺財

　　大樓的出入口最好不要設在地下通道口的旁邊。作爲城市交通立體化的一種形式，地下通道在城市交通中起著重要的疏導作用。爲了充分利用資源，許多地下通道口都設立了店鋪。雖然同樣處於地下通道口，但是因爲它的走向是從上往下的，這樣下沉式的格局在風水上比較忌諱，既不聚氣，也不聚財，還會將人流引向他處。

　　即使大樓的入口不在地下通道口旁，出口在地下通道口旁也不好，因爲人流雖然從門口進入，但會很快從另一個出口流失。商業大樓接收不到人氣，運勢自然也就不會太好。

　　不過有一種情況例外，那就是通向捷運站的地下通道口。與普通地下通道的人流疏導不同，經過該通道口的人流會匯聚在捷運站中，而且捷運的進出站也會帶來大量的人流，人氣自然也就會旺起來了。

Question

入口處擺放屏風

有許多公司在入口處設屏風，對屏風樣式的講究也很多，但並不是所有的企業都需要在入口處設置固定的屏風。一般小型企業空間相對較小，可利用花架屏風或矮櫃種植常綠植株來增強公司的隱蔽性，進而達到轉化氣流的效果。但最好不要擺人造假花，容易給人造成其生意是假的感覺，影響財運。

在選擇屏風時要考慮兩個方面：第一是材質，最好是選用木質，包括竹屏風和紙屏風。塑膠和金屬材質的屏風效果則不好，尤其是金屬的屏風，本身的磁場就不穩定，而且也會干擾到人體的磁場。第二是高度，以不超過一般人站立時的高度為宜；太高的屏風重心不穩，容易給人壓迫感。

Question

店鋪缺失東北角

如果說店鋪缺了東北角，而且老闆或者售貨員又是屬牛或屬虎，那麼，店鋪的營業額就會出現問題。此問題化解的方法是在這個方位擺放羊的飾物，或者擺放虎、牛等飾物。

Question

店鋪缺失南位

如果說店鋪如果缺失了南方位，那麼，店鋪主人或員工就容易患上眼睛方面的疾病，尤以生肖屬馬，年齡介於15～30歲之間的女性為多。化解的方法是在這個方位擺放一件馬形飾物，但要在馬的下方放一張黃色或咖啡色的布之類的物品。也

可以擺放黃玉，因為南方屬火，會趨乾卦之馬，所以擺放時必定會化解其煞氣。

店鋪坐向取決於行業

每種行業都有各自的五行屬性，根據其屬性，就可以決定辦公環境的坐向問題。根據行業選定坐向後，最好選擇門朝上開的大樓或辦公間，如果選在朝上卻不能開門的地點，則應考慮是否可以通過改門的方向來與坐向相吻合。

屬金行業的坐向

五金行業、珠寶首飾業、交通行業、金融行業以及機械挖掘、鑒定開採等在五行中都屬金，因而辦公環境宜坐西向東，或坐東向西，或坐東南向西北，或坐西北向東南。

屬木行業的坐向

出版行業、文化藝術行業、教育行業、種植行業、紡織行業、宗教行業、醫療行業等在五行中都屬木，因而它們的辦公環境宜坐西向東，或坐西北向東南，或坐東北向西南，或坐西南向東北。

屬水行業的坐向

　　保險行業、航海行業、水產養殖業、旅遊行業、衛生行業、運輸行業、餐飲業及從事釣魚器材、冷凍食品、馬戲魔術、滅火消防的經營，其五行都屬水，因而辦公環境宜坐南向北，或坐北向南。

屬火行業的坐向

　　凡是經營易燃物品、食用油類、熱飲熟食、電腦電器、電子煙花、電器維修、光學眼鏡、廣告攝錄、美容化妝、燈飾爐具、玩具玩偶的，五行均屬火，辦公環境宜坐北向南，或坐東向西，或坐東南向西北。

屬土行業的坐向

　　凡是經營地產建築、土產畜牧、玉石瓷器、顧問經濟、建築材料、裝飾裝修、皮革製品、肉類加工、酒店運營、娛樂場所等行業的，五行均屬土，辦公環境宜坐南向北，或坐東北向西南，或坐西南向東北。

根據行業選擇樓層

判斷某一樓層是否適合經營某一行業，可以用玄空飛星的方式來進行，這就需要根據不同氣運和樓層的坐山陰陽來推算。即把當下的氣運數位作為底層的數位，樓房坐山如為陰，就順序逆推，樓房坐山如為陽，就順序順推。

如一棟未山丑向五層建築，要看現在的八運期間，哪層最吉。因為行八運，底層的飛星就為八；坐山未屬陰，就需逆推。如此推算，底層為八白星，二層為七赤星，三層為六白星，四層為五黃星，五層為四綠星。又如一棟子山午向的建築，子為陽，所以底層為八，二層為九，三層為一，四層為二，五層為三。

屬於不同飛星的樓層，有對應適合的行業，如果能按行業選擇適宜的樓層，可對經營有所助益。

一白星的樓層

一白星有利於流通，凡是與流通有關的行業都適合在屬於一白星的樓層經營。如利於錢幣流通的銀行，利於食物流通的飯店，利於水流通的洗浴中心，快速的流通，自然代表著生意興隆。

二黑星的樓層

二黑星有利於動手，凡是與手相關的行業都適合在屬於二黑星的樓層經營。凡是動手的工作不是靠口舌而是靠雙手辛勤的工作，需要靠品質取得口碑，二黑星有利於讓人專注於手上的工作，進而利於在此處經營成衣訂製、按摩、手工藝品加工等。

三碧星的飛星樓層

三碧星有利於新事物，能製造流行，所以凡是與流行有關的行業都適合在屬於三碧星的樓層經營。如唱片公司、新聞媒體、樂器行、通信器材、電器公司等，都能不斷有流行事物產生。

四綠星的飛星樓層

四綠星代表和諧，凡是與和諧有關的行業都適合在屬於四綠星的樓層經營。如美容、化妝都能促進人際間的和諧，人文、藝術也是增加人的修養及促進和諧的手段，此外理髮店、慶典公司、廣告設計公司都是幫助人與人的溝通，所以也適合選擇四綠星。

五黃星的飛星樓層

五黃星代表權勢和統治,很適合在此樓層設立與統治、管理有關的機構。如政府機構、公司的管理機構等。

六白星的飛星樓層

六白星代表決斷和活力,最適合用頭腦對事物進行判斷且具有活力的行業。如每天有大量資料和資訊進行分析的證券所,需要對案件進行多方面分析的律師事務所,要針對大量的事件和人際關係制定對策的政治類辦公室,需要辨別資歷和真偽的保險公司,都適合在此樓層經營。

七赤星的飛星樓層

七赤星代表交際,凡是與交際有關的行業都適合在屬於七赤星的樓層經營。如公關公司、娛樂公司、律師事務所、金融機構、銷售公司、演藝公司、咖啡廳、酒吧等。

八白星的飛星樓層

八白星代表轉型,與轉型相關的行業適合在屬於八白星的

樓層經營。如職業介紹所是轉換職業的地方，寵物訓練所是寵物學習新能力的地方。

九紫星的飛星樓層

九紫星代表桃花，凡是與桃花相關的行業都適合在屬於九紫星的樓層經營，如婚姻介紹所和交際場所。夜總會、俱樂部等娛樂場所是桃花聚集的地方，此處桃花旺，生意自然好。

何為「八運」財運

三元九運是風水上的一種時間概念，古人把黃帝元年（西元前2697年）定為始元，此後，每60年為一元或一大運。每過三個甲子，即為三元，分為上元、中元、下元。每一大運60年又分三個小運，每個小運20年。上元包括一運、二運、三運；中元包括四運、五運、六運；下元包括七運、八運、九運。

從黃帝元年到現在，已經是79個大運，而2004～2023年，是下元的第八運。由於每一運期間，宇宙中星體的位置都不同，因此對地球的影響也有所不同。八運財運，就是找出在八運期間最有利於財運的風水格局。

屬土的行業

八運五行屬土，因此下列與土相關的行業將會更加興旺發達。

1. 土產或地產行業

如：畜牧業、礦產資源、地產、農業、水泥、喪葬業等。

2. 中間人性質行業

如：當鋪、古董家、鑒定師、經銷商、代理商、律師、管理、護理。

3. 因土而生的行業

如：設計、顧問、祕書、防水業、記錄員、會計師等。

Question

與手相關的行業

八運是艮卦，艮為足，為手，為指，為趾；艮為坐，為跪。因此與四肢相關的行業將會興旺發達。

1. 與「手」相關的行業

打字、計算、繪畫、書寫、雕刻、雕塑、針灸、按摩、射擊、射箭、樂器、音樂及器樂演奏、鞋業、手工藝等。

2. 與「腳」相關的行業

足球、藤球、橄欖球、跆拳道、攀岩、登山、排球、芭蕾舞、踢踏舞、腳診、腳底按摩、腳浴、義肢等。

3. 與「跪、坐」相關行業

瑜珈、佛教、宗教、禮儀、茶道等。

環保行業

　　八運屬艮卦，五行屬土，土是中正之物，不比木火高，不比金水低，中正和平。因此，這個八運是一個中正平衡時代。

　　人類的物質文明不斷向前發展，精神文明卻停滯不前。在八運期間，道德和精神修養的重要性，將會被重新審視，宗教可能會得到發展。

　　風水行業，講究的是天人合一、協調平衡，因此，風水在八運期間也會進一步繁榮。

八運興旺方位

　　八運屬艮卦，位在東北方。因此，各地域的東北方向，將會成為迅速發展的方位。如：朝鮮、蒙古、西伯利亞、日本北海道、阿拉斯加等地，在八運期間將會得到發展，經濟進一步繁榮。

行業發展受限

　　八運艮土，軍隊、武器、網路、電信、電力、能源、熱能、醫療等重要行業，發展的阻力與限制較大，與七運時期相比發展勢頭減慢。

八運時期，是限制和懲治的20年，非法行業將會得到進一步打擊，如偷盜、色情、賭博、走私、黑社會、毒品等行業，進而讓社會局面得以穩定。

土剋水，水資源更加缺乏和升值，依靠水資源的行業在發展上可能會受到抑制。

八運期間，即2004～2023年。在這20年間，旺氣方在東北方，生氣方在南方，進氣方在北方。因此，大樓入口向著東北（坐西南向東北）為得旺氣，大樓入口向南方（坐北向南）為得生氣；大樓入口向北方（坐南向北）為得進氣。

但是，不是每個人都適用以上吉方，要根據個人命卦和九星飛伏才能確定是否可用，不可一概而論。

Question

搬遷吉日

搬家又叫「喬遷之喜」，是不能隨意的，一定要挑選一個大吉大利的日子。搬遷吉日不僅要看日子本身的好壞，還要結合自身的命理。

首先參看黃曆，如果內記載：驛馬、天馬、德合、開日、成日、天赦、天願、四相、時德、民日、月恩則適宜搬遷；如果記載：四廢、五墓、四離、破日、平日、收日、閉日、四絕、往亡、歸忌、天吏、大時、月厭、月刑、三煞則不能搬遷。

其次，要看這一天是否與家人屬性相沖，在不相沖的基礎

上找出當天的具體適宜時辰，必須是白天，夜間搬家不吉。

● 搬遷方向

搬家在中國的傳統民俗中是一件大事，將家搬到何方也是古代中國人考慮的問題。風水中會提到宜遷往何方，就是對某人來說遷往某方會對其有利。

通常推算宜搬遷的方向，是按照命格中的五行來確定的。五行講究平衡，如果五行中不平衡，就需要削弱強的，彌補弱的。如一個人的命格土多水少，則需要減土增水。土所代表的方位為中央，因而此人不適合居住在出生地，應該遠居他鄉為宜。土能生金，金能生水，此人最適合居住在屬金的方位，屬水的方位也較為合適。金所代表的方位為西方，水所代表的方位為北方，因而此人最適合搬遷到西方，其次為北方。

● 根據生辰擇吉

如何擇定搬遷的日子？這不僅需要人們根據黃曆、五行等方面來決定，更要考慮宅主的生肖命卦方面。風水學認為，搬遷的吉日不能與宅主的生肖以及農曆生日的天干地支相沖，能利於家人是最好的。當宅主農曆生日的天干為「陽幹」，即為甲、丙、戊、庚、壬，則宜選擇「陰時」，即丑、卯、巳、未、酉、亥時搬遷；反之，生日天干為「陰乾」，即乙、丁、

己、辛、癸的，宜選擇「陽時」，即適合在子、寅、辰、午、申、戌時搬遷。

根據房屋朝向擇吉

　　不同的朝向與不同的日期配合，能達到較好的風水作用。朝東的房屋忌在金特別旺的日子搬遷，即不能在日八字中有巳、酉、丑的日子搬遷；朝西的房屋忌在木特別旺的日子搬遷，即不能在日八字中有亥、卯、未的日子搬遷；朝南的房屋忌在水特別旺的日子搬遷，即不能在日八字中有申、子、辰的日子搬遷；朝北的房屋忌在火特別旺的日子搬遷，即不能在日八字中有寅、午、戌的日子搬遷。

根據天罡四煞擇吉

　　天罡四煞是對四種命格的人不利的日時。生年地支為申、子、辰的人，最忌諱未日未時；生年地支為寅、午、戌的人，最忌諱丑日丑時；生年地支為亥、卯、未的人，最忌諱戌日戌時；生年地支為巳、酉、丑的人，最忌諱辰日辰時。

　　如果在天罡四煞的日子，又犯了天干，就為大凶。寅、午、戌年所生之人，搬遷之日如果犯丑字的同時天干有甲、乙、庚、辛之一的話，就為大凶，不易搬遷。申、子、辰年所生之人，搬遷之日如果犯未字的同時天干有甲、乙、庚、辛之

一的話，就爲大凶，不易搬遷。巳、酉、丑年所生之人，搬遷之日如果犯辰字的同時天干有丙、丁、壬、癸之一的話，就爲大凶，不易搬遷。亥、卯、未年所生之人，搬遷之日如果犯戌字的同時天干有丙、丁、壬、癸之一的話，就爲大凶，不易搬遷。

Question

根據回頭貢殺擇吉

回頭貢殺是與天罡四煞相對的一種推算不利日子的方法。在天罡四殺中，申、子、辰忌未，寅、午、戌忌丑，亥、卯、未忌戌，巳、酉、丑忌辰。回頭貢殺則據此推算，未年生屬羊的人，不適合在同時有申、子、辰的日子作爲搬遷之日；丑年生屬牛的人，不適合在同時有寅、午、戌的日子作爲搬遷之日；戌年生屬狗的人，不適合在同時有亥、卯、未的日子作爲搬遷之日；辰年生屬龍的人，不適合將同時有巳、酉、丑的日子作爲搬遷之日。

Question

有些吉時不能用

一般來說，入宅的時間最好安排在早上、中午，最遲也要在日落之前，應該避免夜間入宅。因爲夜晚屬陰，是晦濁之氣彌散開來的時間，夜晚入宅不僅容易有遺漏、出危險，還被視爲不吉利。所以即使選定搬遷吉時是在夜晚，也是不宜的。

店鋪大門的朝向

店鋪的門向跟店鋪的選址有很大的關係，如店鋪的選址為坐南朝北，或坐西朝東，而顧客的聚集點也在房屋坐朝的方向，那麼店鋪的門就只有朝北、朝東了。

如果是這樣，店鋪又犯了門不宜朝門的忌諱，在夏季店鋪就要受到烈日的直曬，在冬季店鋪就要受到北風的侵襲。在這種情況下，不妨運用陰陽五行相生相剋的定律處理。

如果是經營旅館業的，夏季除了在旅館門前搭遮陽篷外，還可以在旅館的前廳擺置一個大的金魚缸，擺上若干盆景。金魚缸屬水，盆景屬木，都可以達到室內的熱氣減弱的作用。

門口對著T型或Y型路口

如果商業大樓出入口的大門對著T字形和Y字形路口，都是沖煞的格局，此時可以在正對來路的位置加建一個水池，或是將大樓的入口改在側面，以擋住和避開迎大路而來的煞氣。

在店鋪前栽種樹木和花草，也可以達到緩衝煞氣的作用。樹木和花草不僅可以迅速地將衝擊而來的氣流吸收並且化解，還可以增加生氣和消除塵埃。

沿街舊店鋪的門向

我們常可看到一些利用舊店鋪改建的門。這種商店的房屋原先大多是作為房屋使用的，大門口上方往往沒有伸出來遮陽或遮雨的預製板或平臺。這種經過加工改造的房門不宜顧客進出。如果沒有其他辦法，可以在大門額上方搭出一個遮陽棚，以避免店鋪受烈日的暴曬，也使顧客在商店門前有一個歇腳的地方。同時，避免下雨時雨斜射入屋內。

店鋪大門對著牆角

辦公室或店鋪大門正對著其他建築的牆角，視野會受到阻隔，出現從門內往外看時一半牆壁一半空地的格局，這就形成了所謂的「隔角煞」。從外形格局上看，這樣的形狀極其像是一把大刀朝大門砍去，像是要把大門切成兩半，氣流也會因為受到阻隔而無法順暢地通過大門被吸收。

在風水中，隔角煞是大凶的格局。如果辦公室或是店鋪有這樣的情況出現，不僅會使員工出現健康方面的問題，公司的經營狀況也會因此受到影響，導致財運不佳。

在出現這樣的隔角煞時，改變大門的位置和角度是最佳的化解方法。

店鋪大門正對著高速公路

隨著城市建設的發展,高速公路越來越多。由於快速通車的要求,高速公路邊一般有固定的隔離設施,兩邊無法穿越,公路旁也較少有停車設施。

因此,儘管公路旁邊有單邊固定和流動的顧客群,也不適合作為店鋪選址的區域。通常人們不會為了一項消費而在高速公路旁違規停車。另外,高速公路的路沖煞比較嚴重,對人的健康也會造成一些不利的影響。

店鋪大門比馬路低

大門如果比馬路低,馬路上的灰塵就會輕易進入房屋,對健康不好。並且,氣流往往順著馬路流跑了,流進房屋的反而是一些污濁之氣,非常不利於宅主發財。從風水上講,大門低於馬路,是節節敗退之相,生意會越來越差。

店鋪大門正對著辦公室

在對辦公室進行設計時,如果將辦公室的大門與公司大門相對就會產生相沖的格局。當生氣通過大門進入公司以後,會直接衝向辦公室,這種氣的直沖對運勢非常不利,會影響到冷

靜思考。同時，大門也是公司中人員進出比較頻繁的地方，來往的人流對辦公室員工的工作也會產生干擾，影響效率。

斜門

斜門是指大門與房屋的朝向不是呈垂直角度，由於其發音與「邪門」相似，而且又容易與鄰近建築物形成尖角沖煞，因此為了避免帶來不吉，斜門一般都是需要避免的格局。

但是，有些情況下卻需要透過改開斜門改變風水格局。當有道路直沖大門，也就是犯槍煞的時候，改開斜門可以避免與煞氣的衝撞。

如果是道路垂直相對的直槍煞，可以將大門改為斜開，以避開直沖角度為宜。如果是大門與道路從左邊或右邊斜沖的斜槍煞，則可以將大門改為與沖煞方向相反的斜開門，這樣就可以使沖煞帶來的危害得以改善。

大門正對著電線杆

如果大門對著電線杆，是犯了懸針煞。電線杆就像一根隨時懸在面前的針或棒子，時刻刺向或敲向房屋，十分兇險。化解的辦法是在門上懸掛一面凸面鏡，或在門內設置內玄關，並用屏風遮擋，使煞氣不至於長驅直入。

店鋪的開門避開不祥之物

無論從顧客心理或環境的角度上看，店鋪的大門應避免正面對著不吉祥的建築物。

風水中所說的不吉祥建築物，主要是指一些煙囪、廁所、牛欄馬廄、停屍間、殯儀館、醫院病房、監獄等，使人感到心理不適的建築物。因爲這些地方，會帶來黑煙滾滾、臭氣熏天，或是哭號、病吟等。由不吉祥的建築物帶來的氣流、聲音和味道，風水視之爲「兇氣」。

門前柱

在風水中，門前有立柱的格局被視爲是「穿心煞」，不僅會擋住人氣和財路，也會對進出造成影響。門前柱屬於形煞，因爲這些柱子一般都是承重的主柱，所以顯然不可能通過改變柱子自身的位置來化解沖煞。

在不能改變柱子位置的情況下，如果想要利用門前柱來進行風水改造，最好的辦法是將原有的大門拆除，把大門兩側的牆壁延伸到門前柱的位置，然後再將大門開在更爲適合的位置。

透過這樣的改造，原本突兀的門前柱就變成大門牆體的一部分，不僅消除了原本的形煞，改變風水，而且還增加辦公場

所的使用面積，可謂一舉兩得。

公司大門對著電梯

電梯在風水上被稱為「開口煞」，又叫「白虎開口煞」。在商業大廈中，大門對著電梯的公司隨處可見，雖然這樣對員工和來訪者來說是非常方便的事情，但是不斷開合的電梯像是一把刀，帶著非常嚴重的煞氣。隨著電梯的上下和電梯門的開關，會使原本平衡的氣流受到破壞，進而導致店鋪或辦公室的氣場不穩定。

電梯門的一開一關，看上去就像是白虎在不斷張嘴想要咬人一般，這種凶相會造成運勢不濟，就算生意再好也很難守住賺來的錢財，員工也會容易發生疾病，招致血光之災等。大門與電梯的距離越近，受到的沖煞就越厲害。

想要化解這種對財運不利的格局，可以在公司大門口加上一塊屏風，或是設置玄關，利用這道屏障改變原本直沖的格局，使直沖的氣流向兩邊轉彎之後再進入公司，同時也能有效地阻止公司的內氣外洩。

大門對著手扶梯

在商場或是一些較為大型的市場中，通常都會使用手扶梯。這樣的設計主要是為了方便顧客，但也包含著很多的風水

問題。尤其是對於那些大門對著手扶梯的公司來說，風水的好壞會直接受到手扶梯走向的影響。

手扶梯由下而上在風水上可以被視作是「抽水上堂」的格局，在這種情況下，公司無論是位於手扶梯上下的哪個口子，對運勢都非常有利。因為人流會隨著手扶梯的運轉源源不斷地被送到公司門口，有利於人氣和財氣的聚集。

與抽水上堂的格局相反，如果手扶梯是自上而下，那麼上下兩個方位就會有截然不同的運勢。對於上面的公司來說，手扶梯不僅無法使人氣聚集，就連本身所具有的旺氣也隨著扶梯的運轉被帶走，進而形成退財的格局，這在風水上被稱為「捲簾水」。但是對於下面的公司來說，自上而下的手扶梯不停地將客源運送到門前，人氣就是財氣，生意自然也就比較容易旺起來。

Question
大門正對著樓梯

在風水學中，大門正對樓梯的格局被稱為牽牛煞。作為氣流流動的入口，樓梯這個位置的氣場運動特別活躍，但是無論樓梯是向上還是向下，這個位置的氣流都無法形成穩定的積聚。當這樣不穩定的生氣被大門吸收之後，會導致公司的運勢不穩。

如果是面對向下的樓梯，氣流會順著樓梯向下流失，更是被視為退財的格局，不僅會造成公司財務上的問題，使公司

業務無法穩定，還會影響到團隊的凝聚力。當遇到這樣的問題時，可以在公司門口懸掛中國結化解，也可以在大門口擺放山海鎮或是武財神，都可以達到化解煞氣的作用。

當然，如果大門正對的樓梯是向上的，那麼對公司財運的影響就會弱一些，基本上不會引起財氣外流。如果能夠在大門裡邊放上葉子較大的綠色植物，還可以達到吸納財氣的作用。

Question
商業大門宜寬而不宜窄

如果商店的門太小，按風水的說法，就是縮小了房屋的氣口，不利於納氣，氣的流入減少減慢，就會影響屋內的生氣，增加死氣。並且，顧客出入都會非常不方便，如果是貨品進出則有可能損壞商品，人多時容易造成擁擠不堪，人們都喜歡舒服寬敞的購物環境，這樣的情況會讓外面的人進不來，進而影響生意無法進一步成交。還有，如果門太小的話，就會給不法分子可乘之機，他們可以會趁著人多亂雜的情況偷盜店裡或顧客的財物。

把商店門加寬，甚至把門全部拆除，就是擴大了納氣的「氣口」，以上情況就不會出現了。並且還會將商品更好地展示給顧客，方便顧客選購。從商店投資的效益上來說，就可以在不用擴建商店的基礎上，增加商店的經營空間和營業面積。

大門開在中間

對於樓層面積較大的辦公室來說，如果外面有較爲開闊的公共活動區域，就可以看做是明堂。在風水中，明堂有著良好的聚氣匯財的作用。爲了能夠將匯集於此的吉氣充分吸納到辦公室中，最佳的辦法就是將大門開在面對明堂的中間位置，這種格局在風水上被稱爲開「朱雀門」，對辦公場所的納氣非常有利。

但是有一點必須注意：門前的明堂不能是形狀狹長的道路，否則就會變成犯「槍煞」的格局。

門開在「龍邊」

一般來說，無論是店鋪還是辦公室，都會把門開在中間，這樣符合中國傳統的審美觀念，從外觀上來講也美觀大方。但是按照風水中「左青龍、右白虎」的說法，店鋪和辦公室的大門開在青龍位，即「龍邊」，才是最佳的選擇，這樣公司業務不斷、生意興隆。

判斷的方法就是：在室內面朝出口方向站立，左手邊是青龍位，右手邊是白虎位。

生辰八字與大門方位確定的關係

　　風水上根據生辰八字選擇大門的方向，是比較常見的做法。大門的方向與生辰八字的吻合度越高，公司的人今後的財運也就越好，否則往往會事倍功半。大門的方向必須以業主的生辰八字為準。

　　如果是商業大樓，那就要以大樓的產業所有人為準。如果是公司，就應該以老闆的八字為準。另外，為了獲得更佳的風水效應，除了配合八字之外，大門的方位還應該結合所有人的流年，不僅要找出當年最為吉利的方向，還要根據其命理中的五行缺失來確定最終的朝向。

　　關於店鋪的方位宜忌，風水師常會以店鋪經營者的屬相來確定。這種以經營者屬相來確定店鋪朝向宜忌的做法雖不切實際，但也不妨參考，以求得心理安慰，羅列如下。

兩道大門在同一直線

　　如果商業大樓中有兩道和兩道以上的門，而正好又處於同一條直線上的話，這是不利於聚氣的現象，要儘量避免這種格局。這種情況，不管其地理位置多好，人氣多旺，直沖的氣流都會很快流失，吉氣無法被吸收，運勢自然也就不會旺。化解辦法是改變其中一扇門的位置，使兩道門錯開。但是，如果

受到環境、消防等條件的制約，也可以在門上加裝門簾，以阻擋氣流的直沖。除此之外，如果相連的兩道門中正好有一道門是公司的後門或者是消防出口，那麼還可以通過改變門的使用性質來消除沖煞。具體做法是將這道後門或消防門改爲單向進出，並在門上加裝門簾，只能出不能進。這樣就形成風水上所謂的「旺來衰去」的格局，既方便來訪者的通行，也有助於人氣的聚積，提升運勢。

Question

根據車流方向確定大門位置

對於面對馬路的店鋪或辦公室來說，門前道路的車流方向是確定大門的重要依據。

同樣是按照道路車流即水流的觀點來看，如果門前的行車方向是從左向右行駛，那水氣的流動方向也就是從左向右。此時，爲了能夠吸收水流所帶著的氣，最佳的辦法是將大門開在右邊。

與之相反的是，如果門前的車流是從右往左行駛的，那麼開在左邊的大門就更能接納到從右往左流動的氣。遵循這樣的原則來確定位置，大門才能納氣聚財，使客源不斷、財運旺盛。

Question

對面大樓的大門更大

現在社會流行商圈，因此城市的商務辦公集中區域往往是辦公室林立，兩棟商業大樓隔街相對的格局並不少見。這時，就需要注意自己所在大樓的大門與對面大樓大門的大小比較問題，如果大樓的大門的尺寸恰好小於對面那棟大樓的大門的話，在風水上是降低運勢的格局，看上去像是會被對面的大樓吞掉一樣，會導致在其中辦公的公司財運不佳。

為了改變這種格局，可以在大門上方裝上防雨的頂棚，並盡可能地向街邊的人行道延伸，當然還是要以外觀上的美觀為前提。這樣能夠使大門吸納到更多的生氣，利用旺盛的氣場抵抗對方的壓制。

Question
商業大門利用水催財

無論是商業大樓的出入口，還是公司的大門，都與財運息息相關。水能夠聚集財氣，想要提高公司的財運，最好的辦法就是讓公司的大門口多一些水氣。

對商業大樓來說，出入口一般都會有一片小明堂，可以利用空間優勢在此地設計一個小魚池，或是製作一個小型的噴泉景觀，活躍的水氣可以為大樓帶來更好的生氣，進而提高財運。

如果是公司大門，因為受到位置和面積的局限，可以通過在大門擺放風水魚缸來催財。另外，在大門口擺上兩盆水生盆栽也能達到催財的功效，如蓮花、富貴竹等都可以，也可以用

帶水的插花替代。

風水石獅子

自古以來，石獅子都被視爲是風水上的瑞獸，不僅可以化解很多房屋格局造成的形煞，還可以增強建築物的陽氣。獅子生性兇猛，所以才會有鎭邪護宅的作用。在辦公室門口或是店鋪門口擺放石獅子，不僅是一種建築裝飾，更有助於提高財運。但應注意，要將獅頭向外擺放，否則獅頭沖著門內就會變成一種凶相。

在門口擺放風水石獅子，必須是一雄一雌成對擺放。不同性別的獅子，其擺放位置也是有講究的。一般說來，雄獅會是爪子抓著繡球的造型，可以保平安、護事業，要擺放在大門的左側。雌獅的左前爪下或是兩隻爪子之間會有一頭小獅子，有招財運、匯吉氣的作用，需要擺放在大門的右側。區分左右方位以在大門口面向門外站立爲判斷標準，切忌左右顛倒。

另外，如果發現風水石獅子有破損而需要更換時，不能只將損壞的一隻更換掉之後再擺上新的一隻，而是需要成對一起更換。

商業大門設燈

爲了在夜間也能招徠顧客，商業大門的上方都會佈置一些

燈具，一般來說，商業大樓門口會掛上兩盞燈，這樣不僅可以在夜晚給進出的人提供方便，明亮的大門環境對風水其實也是有幫助的。

但門口的燈最好選擇方形或是圓形造型的，不宜選擇三角形外觀的。另外，光線的亮度應當適合照明就好，太亮會引起神經緊張，而太暗又無法照亮運勢。

此外，當門口設有照明燈時，應該要經常檢修，遇到損壞時要及時維修或更換燈泡，千萬不要使大門口出現孤燈獨明的現象，此乃風水上的大忌。

Question
大門外觀

儘管玻璃門已經成為大多數商業大樓大門的選擇，但是因為其不利於隱私的保護，同時也很容易損壞，所以有些商業大樓還是會選擇傳統的木質或是鋼製的大門。

不論是木質還是鋼製，厚實的大門都會對運勢產生幫助。現在，市面上有許多看起來非常厚實的大門，其實是中空夾板做的，從表面上看起來很結實，其實門的中間卻是空心的，不僅不利於防盜，同時也是敗運的表現。

在選擇大門時，必須要注意大門正面的外觀，儘量避免過多的凹凸設計，否則會導致運勢不穩。為了大門的美觀，有的大樓會在大門四周裝上門框，由於受到氣候的影響，木質大門容易受潮變形，而鋼制的大門也會在意外衝撞力的作用下產生

變形，爲了不影響財運，出現變形時應儘快進行更換。

商業大門的開法

從風水上說，大門是納氣的入口，掌握著整個商業空間的氣的進出，所以如果將大門的開合方向設置成朝門外的話，從格局上來看就是將空間內的生氣往外送，生氣的流失必然會導致運勢的下滑，形成破財的格局。

從另一方面來看，大門朝外開時，還容易對外面的通道形成障礙，阻礙通行。由此看來，大門向內開合的格局其實是順應氣流運動的方向，使大門的納氣更加順暢。

商業大門的大小

商業大門與住家大門的設計風格不同，住家爲了不讓家中的財運外泄，所以大門不適合設計的太大，但商業大門卻是要廣納財源，當然吸納的氣越多越好了。如果是門市店面，最好是大而通透，因而大門的材質採用玻璃比較適宜。酒店、大廈的門則應該設計得莊嚴、氣派，比普通的門更加高大、明亮。

但這並不意味著大門越大越好。大門是空間的納氣口，有的商業大樓爲了追求氣派，將大門設置得過於寬大，這樣雖然方便人員的進入，但是卻未必對運勢有利。從風水學的觀點來看，大門的尺寸應該與商業大樓的規模成正比。如果是大型商

業大樓，寬大的大門可以吸納到更多生氣，才能更好地滿足其內部公司及其他機構運行的需要，否則人多氣弱，運勢也就會大打折扣。反之，如果只是小型的辦公室，太大的大門雖然可以吸納生氣，但是這些生氣如果不能很好地被吸收利用，反而會造成洩氣的格局，公司大門的格局也是如此。

Question

商業大門的高度

在風水中，大門的高度也是非常有講究的。大門太高，從外觀上看上去就像是監獄的大門，讓大樓或公司內的人有被囚禁的感覺，是大凶之相，不僅對公司和員工的運勢都不利，還容易使門內工作的員工變得浮躁不安，決策層也容易變得貪婪而作出失去理智的決策。相反，如果大門太低，會對人員的進出造成影響，閉塞的格局還會使生氣無法進入，進而導致諸事不順，使人信心不足。

一般來說，商業大樓或是公司的大門以兩公尺左右高為宜，關鍵還是要與所在的建築規模成比例，這才是最佳的格局。

Question

使用拱門

無論是出於什麼原因，商業大們都不能被設計成拱門造型，這在風水學中是非常不好的格局。因為如果按照傳統的觀

念來說，只有在墓地的設計裡才會使用到弧形的拱門，商業空間的大門採用這個格局當然就是犯了大忌了。

除此之外，和房屋的要求一樣，商業空間的設計也儘量要求保持靜態。圓形拱門往往設計成一定弧度的彎曲狀，而曲線的五行屬水，也就說其具備了動的特性，這就違背空間風水的基本要求，所以應該盡力避免。

Question

房內門太多

風水學認為，一所房屋如果在四方開門，就會有氣流從四方湧入，雖然收納四方之氣，卻因為氣流相互衝撞而有害風水。應根據宅命盤中利於宅主的方位開一扇或兩扇門。

一間房屋中如果門開得過多，也會令氣流雜亂。面積在一百平方米以下的房屋，房門最好不要超過五個。房屋裡應該避免出現與客廳相連的房門過多，這樣會給人一種迷宮的感覺，造成視覺上的混亂。如果把臥室、廚房、洗手間的門都直接開向客廳，不僅影響客廳的使用功能，還會出現某種使主客雙方都不願意看到的窘境。

如果房內的門太多，則應隨時將洗手間和廚房的門關閉，避免讓洗手間中污穢的陰氣以及廚房中燥熱的陽氣留在房內，使房內的氣息清純，以利於宅運的平穩。

橫樑壓門

房屋大多都有橫樑，在裝修的時候要想辦法把橫樑遮蓋起來。尤其是在裝修大門時要注意不能出現橫樑壓門。

家裡人每次進門即受壓制，代表在各方面都要仰人鼻息、鬱鬱不得志，一生無法出人頭地。如果有橫樑，可以用吊頂的方法，將它擋住。

門上的八卦

八卦是一種宇宙符號，掛在牆上只會化煞，不會對任何房屋構成不利。如果八卦上方再掛三叉或刻畫神將騎虎手執神器的一類，則會對其他房屋構成不利。因為三叉為尖銳物，神將手執的神器或騎著的白虎也帶煞，所以這樣的物件不宜掛在向著其他房屋的方位。

門旁擺飾招財

掌握財運命脈的位置在大門的旁邊，所謂「山主人丁水主財」，有水的物品便能發揮財氣的作用。所以，最簡單的催財方法就是在門旁擺水或與水有關的物品，例如植物或插花等都有催財的作用。

Question
開門見吉

人們對房屋的感覺，在進門那一瞬間幾乎就決定了，因此第一眼所看到的東西非常重要。開門看到哪些物品適宜呢？

一是紅色的裝飾，即開門見喜，可以讓人精神振奮，內心溫暖。二是綠色植物，充滿生機的植物愉悅雙眼，讓人神清氣爽。三是圖畫，精緻的圖畫不但可以展現出主人的修養，也可以舒緩人的情緒，讓人變得放鬆。

Question
門口放鞋櫃

從風水學上看，上街穿的鞋，帶有金、木、水、火、土五行的氣，氣場比較亂，若四處亂放，鞋子上的氣就會帶進屋子裡，影響到家人的運程。所以要把鞋子擺放在大門口的附近，不要帶進睡房。

Question
大門突出牆面

風水學上認為大門突出牆面而太靠近馬路，相當於把財神推出門外，財神爺便會過門不入，這種大門突出牆面的格局對家人的財運影響很大。化解的方法是可以在門的左右兩邊做圍護，使財氣流轉進入房屋。

大門嵌入牆裡

大門嵌入牆裡，門前就多出了一塊空地，從風水上講就是門前形成的明堂，明堂大就容易匯集人群，這樣不僅對家人的人緣運有好處，還會給家人帶來財運，所以在修建或是裝修房屋的時候要把大門嵌入牆裡。

旺位設玄關

如果公司的大門本身就在旺位，而且又正好朝向旺方的話，為了避免對生氣的進入產生阻礙，最好不宜在門廳內擺放屏風，不但會阻擋財運，也影響人的視線。

雖然屏風會阻礙生氣的流動，但是用較為低矮的花架屏風作為門廳的玄關，既可以形成一個緩衝區，還可以利用花架上的綠色植物幫助旺氣的生長，提高公司的整體風水。

需要在門廳的玄關位置擺放植物時，切忌使用絹花或塑膠花代替，必須是鮮活的綠色常青植物，這樣才能達到生旺的功效。

玄關是氣流轉換的重要場所，有趨吉避凶的作用，大門格局欠佳的公司，都會在門廳內設置玄關。

在風水中，公司的大門設在旺位旺方是最好不過的了，對公司的生意興隆有著非常大的幫助。但是如果大門只在旺位而

沒有向著旺方的話，就無法吸納來自旺位的生氣，此時就很有必要在門廳內擺放一個屏風。屏風宜高，最好是固定式，這樣才能在門口形成玄關，利用屏風使氣流改變方向，使大門吸納的氣流從旺向流向辦公室。

如果大門既不在旺位，也不是朝向旺向的話，更有必要在門廳內設置玄關。為了防止來自衰向的煞氣對公司的衝擊，在門廳內設置小型噴泉、水池，或是擺放一個魚缸，透過流動的水能進行磁場的轉化，進而使吸納的氣流由衰轉旺。

Question

門廳處擺放屏風的講究

屏風在風水學上有擋煞、聚氣的作用，一般多放置在公司門廳處，但並非所有的門廳都合適安置屏風，比如門廳處於旺位，大門朝向旺方時，放置屏門反而會阻礙財氣流入，或者改放透氣性較高的花架屏風。而門廳狹小則不合適放置屏風，可改為擺設圓形花瓶，流動水景或魚缸來帶旺風水。

事實上，有許多公司在入口的門廳處沒屏風，因為屏風樣式的講究有很多，不是所有的企業都適合在入口處設置固定屏風的。一般小型企業空間相對較小，常利用花架屏風或玄關矮櫃種植常綠植株來增強公司的隱蔽性，進而達到轉化氣流的效果。但最好不要擺人造假花，容易給人造成其生意是假的感覺，會影響財運。

在選擇屏風時要考慮兩個方面：第一是材質，最好是選用

木質，其包括竹屏風和紙屏風。塑膠和金屬材質的屏風效果則不好，尤其是金屬的屏風，其本身的磁場就不穩定，而且也會干擾到人體的磁場，第二是高度，以不超過一般人站立時的高度為宜，太高的屏屬重心不穩，容易給人壓迫感。

● 門廳位於北方

八卦中北方在屬於坎卦，五行屬水。在顏色上選擇土性可以避免產生衝突，比如黃色、棕色等。除此之外，最好不要用綠色和青色的木性屬性。另外，在陳設物品的形狀時也要注意，方形物體五行屬土，不宜過多地使用在北方的門廳中。否則，即使是大門既在旺位，又朝向旺向，吸納進來的生氣也會因為土剋水的格局而受到影響，所能達到的生旺作用也就大打折扣了。因此，當門廳位於北方時，可以將陳設物品擺成圓形或是半圓形，白色、杏色、金色、黑色等顏色。

● 門廳位於東方和東南方

東方位和東南方位在五行中都是木性屬性。如果門廳位於這兩個方位，木頭材質和纖維材質的工藝品是最佳選擇。所以，可以選擇一些較為高大且筆直的飾品放在門廳中，如高大的櫃子、旗杆等，但是這些物品不能過於笨重。此方位也可以使用羽毛和帶有香料性質的一些裝飾品，或選用一些繪畫作品

懸掛在牆上，畫幅越大越好，利用玉石類飾品的擺放、編製飾品的懸掛，也可以達到一定的生旺作用。

在選擇顏色進行搭配時，綠色、青色這類的木性屬性的顏色都是不錯的選擇。利用五行中土生木的原理，使用藍色、黑色和灰色，也能達到生旺的作用。但是，切忌在這個方位的門廳中使用屬金的純白色，或是屬火的紅色。

門廳位於正西方

五行中，紅色屬火，而正西方位屬金，火剋金，如果使用了會破壞原本聚財的格局，進而影響公司的發展。此方位宜先用白色、黃色和金色，因為白、金都屬金，而黃色屬土，這樣土生金，所以都可以達到生旺的作用。在裝飾物品的佈置上，可以選擇掛鐘、大口的花瓶、音響設備等。如果門廳比較寬闊的話，擺一些竹子做成的裝飾物也能生旺，但裝飾物忌選三角形。

門廳位於西方和西北方

五行中，正西和西北兩個方位屬金，所以在把此方位作為門廳時應該搭配以五行屬金的飾品，或擺放一些造型為圓形或半圓形的傢俱。或是一些圓形的金屬飾品、水晶擺件、玉器類擺件等。如果要懸掛圖畫，可以選擇駿馬圖，此圖有一馬平

川、馬到成功的寓意，爲公司帶來生氣。另外，由於五行上有水泄金的說法，因此不宜在屬金子門廳內擺放魚缸等帶有流水的陳設物品，也應該避免紅色和黑色的使用，否則會削弱公司的風水格局。

Question
門廳位於東北方和西南方

五行中，東北和西南兩個方位屬土，裝修風格以具備厚重感爲宜。爲此，裝修時在色彩的選擇上要儘量內斂，選擇咖啡色、棕色、黃色等土性顏色比較好。利用五行中火生土的原理，也可以選用一些紅色。除了內斂的色彩之外，選擇石材、雕花的門板等裝飾材料也可以營造出門廳的厚重感。另外，石頭的景觀、大件的陶瓷製品、屏風等，都是適合東北和西南兩個方位門廳的物品。此處需要注意的是，不同的形狀也有不同的五行屬性，因爲圓形在五行中屬金，所以不宜在此選用圓形設計的傢俱裝飾，否則會弱化公司運勢。

Question
櫃檯的風水作用

公司的櫃檯，是門廳中的重要部分，它承擔著訪客接待、檔收發和電話轉接等任務，對公司的運行起著最基礎的保證作用。同時，櫃檯又是訪客造訪的第一接待區，它的好壞往往關係到訪客對公司的第一印象，所以絕對不能忽視對櫃檯的設

計。

在風水中，門廳可以被視爲是整個辦公室的內明堂，用來營造門廳氣流儲存空間的牆壁、玄關、屏風等被稱爲羅城，櫃檯則是其中的「羅星」。又由於櫃檯位於公司水口的位置，水口即財口，因此也有鎮守水口的作用，又被稱爲是「水口砂」。

爲了使櫃檯更加顯眼，有的公司會將櫃檯設置在離大門較近的位置。然而，櫃檯與大門的距離太近並不利於公司的運勢。一般來說，設計門廳就是希望給大門吸納的生氣提供一個積聚和儲存的空間，但是櫃檯的位置如果太靠近大門，就會在門口形成阻擋，不僅破壞由門廳形成明堂的格局，還會影響到大門吸納生氣。當納氣口受阻、明堂縮小時，公司的運勢也就無法興旺起來。

不同規模的商業場所都會有特定的服務對象，爲了給來訪者留下良好印象，大中型的企業、飯店以及大型餐廳等就需要將櫃檯做得較大一些。因爲在風水中，櫃檯有鎮守風口的作用，就像是哨位一樣守護著整個公司。尺寸較大的櫃檯會顯得更加穩固，可以在外觀上顯得高貴和氣派，有助於樹立良好的公司形象。

不同規模、不同行業的公司，根據其獨特的企業文化，櫃檯的設計風格也應該有所不同，因爲它關係到來訪者對公司的第一印象。無論是什麼樣的風格，櫃檯必須與整個公司的裝飾風格相輔相成。櫃檯是門廳的羅星，按照風水的理論，作爲羅

城的餘氣，櫃檯的設計風格不能在門廳中顯得突兀，而必須融入整個大廳的風格，因此，在進行櫃檯的設計時，首先要考慮大廳的牆面、地面以及周圍的裝飾，唯有恰當的融合才能為整個公司的風水加分。

在店鋪中，櫃檯和店鋪大門之間的距離不能隔得太近，否則也會對生意造成影響。

公司的旺財櫃檯

櫃檯的位置，最好是面對大門，空間夠大的話，就在後方設置公司標識，以顯貴氣。但是，很多公司對櫃檯的設計並沒有考慮到風水的原理，特別是有些辦公室前門正對後門，形成直線通道，這樣是違反「藏風聚氣」的風水法則，會導致錢財流失，員工之間意見不合。出現這種情況，就應該設置有導氣效應的櫃檯，既可吸納旺氣，又有對服務表示熱忱歡迎的空間，還可遮擋公司內部私密。

此外，公司櫃檯的一個重要作用是可過濾不必接見的客戶，因此不宜設在入門的側方。氣場以彎曲迴旋為吉，如果門廳未設服務台，那麼最好在門廳位置擺設一個圓形花瓶，以圓形之體來導氣而入，幫助入口處氣場的運行。

店鋪的旺財櫃檯

櫃檯是店面的財庫的象徵，最好把收銀台設在財位上，並在櫃檯上放置一些招財吉祥物、宣傳單或是熱賣的商品，都可以產生招財的效果。櫃檯的環境應保持整潔美觀，不要堆放雜物，否則無法納入財氣。

　　如果櫃檯不能放到財位上，那也應當將其設置在店面的生氣位，並在櫃檯上擺設燈飾或改運物品，讓它更有生氣，才能旺財。那麼如何辨別店面的生氣位呢？你可以站在屋內向著大門的方向，左手方就是青龍邊，右手方則是白虎邊。一般青龍方代表生氣方，並有吉祥之意，也主財富，所以櫃檯大都設在此方。

　第二章　招財進寶——商業聚財篇

第三章

GOOD LUCK COMES BAD LUCK LEAVES
FORTUNE'S WITH ME ALL THE TIME

招財進寶

手相開運篇

　　古時候，相士所論大多是以男左女右爲準則，這主要是男尊女卑的思想在起作用。近代手相算命術則認爲左手是看先天（40歲以前、公事），右手是看後天（40歲以後、私事）。其實看左手或右手的方式一直說法不一，而看手相的重點都放在手掌複雜的紋路變化上。一般來講，男性左手代表先天的素質，右手代表後天的運勢，女性則相反，要兼顧兩手。

看手相能知道下個月會發生什麼事嗎？

根據生命線、智慧線、感情線和太陽丘上新出現的一些線紋，可以判斷接下來的一個月可能會發生的一些事情。

無論是對手相還是面相，甚至一些其他的命理術數的研究，人們的目的都是想要預知未來，以期能消災避禍。那麼，手相中是否真的能表現出未來之事，至少是下個月即將發生的事情呢？

生命線上突然出現新的島紋或支線的人，可能在會遭遇一些意外事故或是突發性的疾病；生命線上出現橫的線條或細紋的人，尤其需要注意交通安全；生命線下方出現支線的人，最近可能會有外出旅行的機會；智慧線末端出現分叉的人，最近做事情得心應手，卻無法保持長久的熱情；智慧線旁邊出現一些重疊細紋的人，近來可能會因為不得已的理由而轉換環境；感情線上出現筆直線條的人，最近過於關注自我，會因此而與身邊的人發生爭執；太陽丘上出現圓環形細紋的人，最近人氣很旺，無論走到哪裡都非常受歡迎。

手掌軟綿綿的人天生就命好嗎？

手掌軟的人善變，適應性強但意志不堅定。很多人都認為，誰的手掌又軟又有彈性，誰的命就好，所以他們都想擁有

一雙軟綿綿的手，希望能給自己帶來好運。其實並不儘然。有柔軟手的人在談吐中確實會散發出優雅、與眾不同的氣質，但是在為人處世方面卻顯得傲慢。這樣的人虛榮心很強，在很多事情上都追求完美，因為能在各種場合展現他的不俗與魅力，所以能給人留下不錯的印象。

當與人握手的時候感覺對方的手很柔軟，同時他的手指容易向後彎，表明這個人心智成熟、精明能幹、富有心機、適應能力強，能遊刃有餘的處理好複雜的人際關係；缺點是意志不堅定、善變，做事不能有始有終，是一個及時行樂、奢侈浪費之人。

如果手掌厚實而有彈性，則顯示這個人樂觀開朗，積極主動，意志堅定，適應能力強，和藹可親，所以得到身邊人的喜歡和愛戴。這樣的人大多會有所成就，生活無憂，甚至富甲一方。當然手掌硬的人並非不富貴，俗話說：「手如乾薑，食祿無疆。」通常擔任公、檢、法、司、軍等職業的人，手掌大多較硬；比較忙碌的人，手掌也大多硬實。

Question

留長小指指甲或戴尾戒真的能防小人嗎？

留長小指指甲或戴尾戒，可以作為一種提醒，不斷完美個人的性格弱勢。小指代表的是自我表達的能力，小指越長，一個人的口才有可能越好；而小指較短的人，要把自己心中的想法轉化成語言文字可能會有些困難。小指的正常長度，應是以

到達無名指第一指節的褶紋處為標準的，小指短於這一標準，或者是有小指不正情形的，表示此人的先天表達能力比普通人較差，相應的，在人際交往方面也會比較容易吃虧。這樣一來，犯小人的可能性自然也就比別人高了。

針對這一情況，在中國的傳統習俗中出現了相應的解決辦法，即留長小指的指甲至少長過無名指的第一指節褶紋處，或是戴上尾戒，以此來彌補小指過短的問題，同時也可起到防小人的作用。此外，在民俗中，戴尾戒還有防止漏財的作用，專門針對那些手指間指縫過大或者是有漏財紋（掌中有向指縫延伸的線紋）的人。

民俗中留長小指指甲和戴尾戒的方法，在手相學中是否真有奇效，還未有定論，但這種外在的物質形態的改善方式無疑可以在一定程度上，時不時地提醒自己身上的缺點與弱勢，逐漸地改進與完善，應該可以起到彌補此種天性不足的作用。對於漏財之人而言，如果可以借助戴尾戒的方法，不斷提醒多加注意自己的財務問題，相信也不失為一種好的辦法。

Question

從手的分區如何看主導個性

手的分區方式不同，但無論哪種方式均能表現出一個人的個性中居於主導地位的是哪些方面。

手的分區形式主要有三種：

二分區法，以中指與無名指為界分為左右兩部分。拇指、

食指與中指所在的那一部分代表的一個人的意識層面，它反應人對世界的影響；無名指和小指所在的部分則代表潛意識層面，顯示人對直覺和心靈層面東西的態度。

三分區法，包括上端的情緒區、中部的實用區和下端的生理區。情緒區與抱負、理想有關，若此區為三區中最發達的部分，表明此人是以知性的態度面對世界；生理區與生理需求、欲望有關，若此區最發達，表明此人較感性；實用區界於二者之間，其發達程度顯示如何在知性與感性間取得平衡。

四分區法，分為心智－理性區、心智－本能區、生理－實用區和生理－直覺區，四區均衡發展才算完美。心智－理性區不發達的人缺乏自信，心智－理性區發達的人野心勃勃；心智－本能區發達的人比較看重如何有創意的表達自我，心智－本能區不發達的人看重如何實現自我；生理－實用區不發達的人缺少熱情和活力，生理－實用區發達的人視物質考量為動力，生理－實用區過度發達的人過分重視物質的滿足；生理－直覺區不發達的人理性地面對人生，生理－直覺區發達的人敏感且崇尚精神層面的東西。

Question

掌紋又亂又深的人命運就不好嗎？

掌紋以不亂、清晰、簡單為最好。從命理學來說，掌紋亂代表人體生命資訊的一種複雜狀況，軀體和頭腦神經存在容易過敏的情況，情緒也容易受到生理影響而變得多慮、多愁善

感。這樣的人一生也會因此而變得曲折和坎坷。這類人際遇的變化較多，相對也比較忙碌。掌上有許多細小的紋的人，愛為別人操心，熱心腸。

如果有無數的障礙線橫越手掌，與其他掌紋又如漁網一般交叉，分不出哪條線接著哪條線且皮膚粗糙，那就意味著這個人常為錢財而操勞。

如果手掌上的皮膚柔軟而光滑，而線路也如網狀的人，主要線路難以分明，這類型的人比較神經質或反應不靈活，為人處世方面也欠圓滑。

Question

手大的人不如手小的人命好嗎？

手大的人錯失機遇，手小的人抓住機會。自古以來就有「大手抓土，小手抓福」、「大手抓柴，小手抓財」等說法，不管哪種說法，意思只有一個，那就是手大的人不如手小的人命好。

手大的人膽子小，小心謹慎，靠勤儉起家，往往會錯失許多發財機會。而手小的人則膽大、有氣魄，往往一下子能抓住機會，使金錢滾滾而來，所以也常說「小手抓錢，一抓萬金」，這種人從不錯過任何機會。

Question

掌心凹陷的手就是存錢手

掌心的凹陷程度需適當，只有掌心厚實且稍微有所凹陷的手，才是存錢的手。人們普遍認為掌心（即火星平原）凹陷的手，就如同一個盆地一樣，能讓所有流進去的錢都最大限度地儲存起來，故而人們稱這種類型的手為存錢手。從手相學的角度來看，掌心厚實且稍微有些凹陷的人，身體健康、精力旺盛、個性溫柔、待人隨和，無論是在工作還是生活中都能與周圍的人保持友好的關係，生活相對穩定，因而也就能存得住錢。

　　但是並非所有的掌心凹陷都是易存錢的標誌：手上的各個掌丘較高而掌心凹陷不明顯的人，個性較任意妄為，自我主觀意識強烈，對於別人所提出的意見與建議很難聽得進去，面對別人的規勸往往不屑一顧，甚至可能會出現面對別人時態度傲慢的情形；掌心過度凹陷且偏向感情線的人，極有可能會受到感情問題的困擾；掌心過度凹陷且偏向生命線且手掌平薄的人，體力與精神皆不充沛，個性柔弱，與其他人相比總是無法把握住最好的機會，因而無論是在理財方面還是在工作方面，都很難取得明顯的成功與收穫，其財運自然好不到哪裡去，另外，這類型的人可能會有家庭糾紛或生病的情況出現，平時必須多注意保養身體的脾胃功能；掌心過度凹陷且偏向成功線的人，經常會遇到人際關係方面的問題和工作上的意外危機。

Question

五根手指各代表什麼

五根手指分別代表著不同的領域與興趣，對判斷一個人的天分與個性很重要。每一根手指代表了生命中的不同區域和不同興趣，從這些具有各自不同意義的手指就可以看出一個人的天分在哪裡。為了更方便的理解各個手指的代表意義，西方人用神話中的人物為各個手指命名：天神朱彼得代表食指、農神撒頓代表中指、阿波羅神代表無名指、摩丘力神代表小指。

　　拇指是所有手指中最重要的一指，它代表了一個人的意志力、性格的強度，它能顯示一個人是否有決心展現自己的天賦與才能，它是精神力量及驅動力的衡量標準，它代表一個人擁有的創新才能。從拇指的形狀可以看得出人發揮自己的才能是邏輯反應還是本能反應，發揮的態度是消極被動還是積極進取，發揮才能的過程是虎頭蛇尾還是持之以恆。

　　食指代表自我、領導才能、個人的魅力、野心和個人在社會中可能佔有的地位。食指短的人，膽小怯懦、自卑；食指修長的人，自尊自負，喜歡道人長短，指揮別人；食指很直的人，有非常強的整合能力。

　　中指代表智慧、面對責任的態度以及對待生命的認真與否。中指較短的人，面對事情總是選擇逃避責任；中指長的人，勞心勞力，勇於承擔自己應該承擔的，可能因過於嚴肅而缺乏幽默感。

　　無名指代表創造力和對幸福的感受。無名指短小瘦弱的人，缺乏創作的天分；無名指長的人，天性比較好賭；無名指強而有力的人，具有極強的藝術氣息。

小指代表個人的溝通與表達能力。小指比較短的人，在自我的表達上具有一定的困難；小指越長的人，口才越好；小指彎曲的人，精明能幹，卻也可能會是口是心非之人。

● 指縫大的人真的容易漏財嗎？

指縫大的人比較固執保守，不懂變通，抓不住機遇。當手指併攏的時候，中指與食指、無名指之間有很大的縫隙，就稱為漏空手，又叫做漏財手。

有漏空手的人大多比較固執保守，不懂變通，因循守舊，工作時經常優柔寡斷，不能當機立斷，所以如果有賺錢的機會擺在他面前，常常會因為他這種優柔寡斷的性格而錯過。正是因為他經常與獲取財富的際遇擦肩而過，才會有指縫大的人比較容易漏財的說法。

但是漏空手並不是漏財的絕對表現，還要結合其他部位來綜合分析才會比較準確。就身體健康的角度來看，有漏空手的人脾胃的消化吸收功能欠佳，需要多注意飲食習慣。

漏空手並不是漏財的絕對表現；漏空手者脾胃的消化吸收功能欠佳，所以平時要注意飲食方面的細節。

● 手指上有痣的人身邊有貴人嗎？

手指上有痣意味著你身邊有貴人。大拇指有痣代表父母

是自己的貴人，或父母很有成就；食指有痣代表貴人是兄弟姐妹；中指有痣代表貴人是自己；無名指有痣代表貴人是配偶；小指有痣代表貴人是子孫。

拇指有痣或食指上有痣的人，貴人往往是從小就認識的男女朋友。

Question

手指關節大的人比關節小的人生活辛苦

手指關節大的人，求知欲強，注重精神層面的滿足；手指關節小的人，習慣用直覺作為判斷的標準。有些人的手指線條比較平順，而有些人的手指線條則有明顯的凹凸不平，其中的決定因素便在於手指關節的大小。

手指關節大的人，給人比較強硬的感覺，因而人們由此判斷關節大的人生活比較忙碌和辛苦。事實並非如此，手指關節大的人有強烈的求知欲與不怕挫折的學習精神，會利用各種方法獲得知識，做深入的研究思考，是具哲學與知識性的人，思考有條理，做事慎重小心、喜歡獨處，平常沉默寡言，能保守祕密，一般以學者或研究員居多。

此類人以東方人居多，重視精神高於物質，重視名聲大於財富，會努力追求精神層面的滿足。在職業方向則適合做心理學或哲學方面的研究，如做學問或宗教類的工作。但是因為習慣以自我本位為中心，有很多計畫又不能加以實踐，缺乏理財能力，對他人喜好分明，很容易傾向自我封閉。這種上下兩個

關節都比較大的手指，稱為「哲學指」，而只有最下面一節關節較大的則稱為「物質指」。

擁有「物質指」的人，非常重視整潔，居住的環境必須井然有序，此類人大多有潔癖的傾向。

相對的，那些手指關節較小，手指的線條比較平滑的人，他們更習慣於依靠直覺對事物做出判斷，因而其行事、情緒也都較為衝動。

Question

拇指厚實的人就有富貴命嗎？

拇指厚實僅僅表明他的用錢觀念，與富貴命關係不大。擁有厚實拇指的人，用錢的觀念十分實際，不會將錢花在過分強調感官享受的事情上。華麗的衣服和美食在這種人的眼中是極為不實際的，所以這樣的人容易累積財富，一輩子都不會缺錢。另外，這樣的人，對生活的要求很簡單，為人也相當務實，說一是一，不會有太多的心機。

平而薄的拇指，與厚實的拇指正好具有相反的性格。這樣的人不喜歡一板一眼的日子，性格具有神經質的特性。如果拇指又平又短，對於理財則會因過於謹慎保守而變得優柔寡斷。

拇指厚實說明不會亂花錢，理財能力強，沒有太多的心機。

拇指平而薄說明性格有點神經質，理財過於謹慎保守，甚至有點優柔寡斷。

什麼是事業線

一個人的事業穩定與否，可從事業線看出端倪來。事業線是從手掌底部往上延伸的紋路，有的人可以直抵中指根部。事業線並非人人都有，沒有事業線的人可以從生命線上看事業的變動情況。

有的事業線不是一條直紋，而是斷斷續續好幾條，表示工作不穩定，或經常變換工作環境。事業線升到智慧線就停止，表示是由自己的理智決定而停止工作。如果升到感情線而停止，則表示因感情問題而停止工作。有兩條事業紋，表明是在做兼職或發展另一副業。

事業線代表自己一生的職業情況，如打工還是做老闆，是自己獨做還是與他人合夥等，它的長短也代表一個人學歷或學問的高低。

一個人的事業穩定與否，會不會受失業之苦，可從事業線看出端倪來。首先從手相的流年來看，事業線和智慧線相接是35歲，感情線以上是50歲，那感情線和智慧線中間點是42～43歲。可從事業線的走向來看會不會有失業的現象，若事業線合乎長、直、深的標準，表示工作和收入穩定。有橫線穿過，事業就可能受阻而變動。

事業線代表事業的前途。事業線並非人人都有。沒有事業線的人可以從生命線上看事業的變動情況。

什麼是成功線

　　有成功線，會因人緣或他人的幫助而獲得成功。成功線起自手腕的底部或手掌中部，伸向無名指方向的線，並不是人人都有。

　　成功線看的是能否將人的事業推到巔峰，能否享受榮華富貴，以及一個人的名聲、人緣、貴人運、異性緣、異路財、偏財運、能否逢凶化吉等，也可以看不動產。若成功線很早就出現，表示此人年紀輕輕就有不動產。

　　成功線的起點接近於手腕線的，表示先天的生長環境好，能得到長輩的幫助；成功線自掌心往上延伸的，則表明需要靠自己的智慧與才華才能成功。

　　成功線看的是能否將人的事業推到巔峰，能否享受榮華富貴等。

什麼是小人線

　　有小人線的人比較有自信，常常會成為一個團體中的箭靶。食指跟手掌交界處，有許多向上豎起的線，稱為小人線。小人線超過4條以上的人容易遇到口舌是非，或者有小人在背後講一些攻擊性的言語。

　　有小人線的人比較有自信，所以在團體中表現得非常耀

眼，也因此常遭人嫉妒，易得罪人，倒楣的事往往都發生在他身上，常常會成為一個團體中的箭靶。此外，他的事業還會受到阻礙。

小人線就是食指跟手掌交界處，向上豎起的線。

Question

什麼是貴人線

有貴人線的人心地善良，樂於助人，易得到貴人的幫助。在生命線的內側，有一條與生命線同心的線，叫做貴人線。起自月丘向掌心延伸的斜線也叫貴人線。貴人線對於男人而言，就是在社會上做事時，有貴人提拔幫助你。古時候女人沒有上司，所以對女性來講，貴人就是丈夫，對女性來講貴人線也叫配偶線，如果貴人線明顯的話，會得到丈夫的疼愛。貴人線也並非人人都有。

此外，擁有貴人線的人心地比較善良，樂於助人，也容易得到貴人的幫助而取得事業上的成功。如果貴人線有小小橫線的破壞，這種叫做勞碌線，有了這道線後貴人變勞碌，預示一旦有孩子之後，生活目標就是為了孩子。

Question

什麼是財運線

有財運線的人表示具備經營頭腦和財運亨通。財運線又稱水星線，是源於小指根部（水星丘）的短而豎的線條，表示財

運的好壞，對於重視理財投資的人來說，這條線可是相當重要的。如果財運線挺直，而且沒有障礙線破壞，表示此人財運發達，若再加上智慧線發展良好，就很有可能成為有錢的富豪。

有好的財運紋的人，縱使現在貧困，但是隨著時間的推移，財運也會好轉，不過，雖然財運線很好，如果其他線條欠佳，則財運線的形狀也將逐漸變壞。如果財運線曲折或斷斷續續，就表示財運較差，可能會遇到生活或事業上的困難，應該儘量忍耐，減少投資，求個安穩以渡過難關。

而財運紋並非每個人都有。如果有，表示具備經營頭腦和財運亨通；若無，也不一定代表就會窮一輩子，只是表示對理財不太感興趣。

Question

什麼是希望線

有希望線的人，有企圖心，充滿鬥志，且會堅持不懈的努力奮鬥。希望線，又叫「野心線」，是以生命線為起點，在木星丘上向食指斜立或直立的線紋，有的只有一條，有的人卻有許多條，像太陽光芒一樣，分散在木星丘上。透過希望線，可以看出一個人處理長輩與上級關係的能力，還能看出其權力欲、名譽心和進取心。

手上有希望線的人，對自己的工作和生活都有很強的企圖心和堅強的意志力，他們的人生道路或許未必走得順暢，卻在任何時候都能找到出路，總是能在坎坷中找到起死回生的辦

法。他們除了自己的不懈努力與奮鬥之外，還希望身邊的人也和他們一樣共同拼搏，因而，這些人難免會出現指使他人的傾向與習慣。即便是在愛情中，也總是希望對方能按照自己的意志行事，如不加以控制會出現過度的控制欲；有多條希望線的人，有旺盛的企圖心和奮鬥心，也因需要關注的事情過多而無法專心於某一項事物，雖然他們對所有的事情都充滿了信心，卻還是難免會有「因小失大」的結果；希望線上出現阻斷線紋的人，在奮鬥與拼搏的過程中會出現一些阻礙力量，只要這些線紋不是很清晰，只需堅持不懈的努力下去，就一定度過難關，實現最終的目標，阻礙的線紋也會相應的消失。

什麼是三大紋路

三大紋路的吉凶意義根據所在的手掌部位而有所不同。

三大紋路是指：十字紋、星紋和島紋。

十字紋在手掌上由兩條短短的紋路交叉而成，在紋中為凶紋，單獨存在為吉兆。

星紋在手掌上由三條或三條以上短短的紋路交叉而成，星紋多為吉兆。

紋線如島形的紋被稱為島紋。島紋出現在手掌的三大線紋上，通常具有不好的意義，表示身體贏弱或正在生病。

什麼叫財庫紋和財富紋

財富紋象徵的是一個人能賺到的財富的多少，財庫紋象徵的是一個人能否守得住辛苦賺來的財富。

財庫紋是在大拇指的第二節出現的完整橫紋，而在財庫紋下方的橫紋、縱紋或格子紋稱為「財富紋」。財富紋代表的是的賺得的財富的多少，而財庫紋顧名思義是「庫存」的財富的多少及時間，即看一個人是不是能守得住財和守住財的時間。

擁有財富紋的人，不管是橫紋、直紋或斜紋越多，表示財富累積的越多，是勞碌有所成的紋路，這類型人是勞碌的性格，對所有的工作一定會事必躬親，將所有工作確認無誤，因此更容易賺得較多的財富；擁有財庫紋的人，可以從財庫在位置推測守住財的時間，靠近拇指指節的位置約為開始的零歲，靠近拇指底部的位置約為八十歲，如果一個人的財庫紋越靠近拇指指節說明其年紀輕輕便能守得住財了，反之，一個人的財庫紋越靠近拇指底部說明其要到年老之時方能守住財，一般人的財庫紋都出現在四十五歲左右。

此外，並非有財庫紋就一定能守得住財，看需仔細察看財庫紋的形狀：財庫紋如果有漏洞的話，就表示其財富會外漏；財庫紋如果有兩條，上面一條是斷裂的，下面一條是完整的話，表示其年輕時不會守財，要到年老的時候才能守得住財；如果兩條財庫紋都是完整的話，說明此人不會浪費，甚至會有

些吝嗇，能存到很多財富。

因此，一個人是否擁有財富，除了要看是否有密集的財富紋之外，還要看其財庫紋是否完整，只要財庫紋是完整的，即便有些彎曲也是好的。

什麼樣的人長袖善舞

小指較長、有雙重感情線和智慧線、太陽丘和水星丘發達的人，皆會表現出其超強的交際手腕。社會生活中，不同的人總是會表現出極大的個性差異，有些人因個性尖銳、自我意識強而難以與人很好的相處、不得人心；另外有些人別具特色、能與各式各樣的人物和諧相處，即人們平時常說的長袖善舞、交際手腕超強的人，這樣的人事業上更易成功、生活上也更易快樂。

他們之所以長袖善舞的原因，不外是口才了得、性格開朗、待人處事講究方式等方面個性突出，而這些突出的個性特點，從手相學的角度來看，手掌的外形、手掌中的線紋、手掌的厚與薄等方面，都會有所顯現：小指較長的人，處事機警、反應快捷，機會降臨時總是能第一時間把握住，機智的特色用於交際應酬自然也會頗有成效；有兩條感情線的人，性格活潑開朗，感染力強，口才很好、擅長交際，且知曉如何能討得他人的歡心，屬於典型的大眾情人；有兩條智慧線的人，擅長運用語言的魅力，在各種場合都能調動周圍的氣氛，再加上這

些人本身所具有的獨特的個人魅力，自然能在交際場上如魚得水；無名指下方的太陽丘和小指下方的水星丘發達的人，性格爽朗、愛熱鬧、喜歡結交各種不同的朋友，再加聰慧過人、口才也好，極易獲得他的好感，但這類型人可能存在投機取巧的心理，若能克服這一弱點，善用自己的優勢，極有可能成為社交界的第一人。

● 好貪小便宜的手相長什麼樣

手指第一指節向內彎曲和智慧線末端向上翹起的人，利己心理都很重，也就尤其好貪小便宜。貪小便宜，和追求安逸一樣，是人性中的一種共性，幾乎每個人都有這樣的心理。只要在適度的範圍之內，貪點小便宜也不為過，但有些人卻把握不好這個分寸，有時甚至可能會用各種手段，將喜歡的東西從別人手中搶過來。

手指第一節指節向內彎曲，猶如「雞爪」一般的人，對自己的利益非常看重，他們沉迷對利益的追求之中，有時甚至會達到不擇手段的地步，如果有人危害到他們利益的話，必定會牢記於心、睚眥必報；智慧線末端向上翹起，呈勾形的人，利己心非常重，尤其是對金錢有著遠遠超出常人的狂熱追求，他們會把握一切機會實現自己對喜好之物的渴望。

什麼是重情重義的手相

　　情義，向來都是備受人們推崇與歌頌的情感之人，一個人是否是重情重義之人，同樣可以從手相上窺之一二。生命線和智慧線同源，感情線下垂與另外兩線連接在一起的人，是典型的「感情糊塗型」，時常徘徊於感性與理性之間，不知該如何做決定，這樣的人往往極易感情用事，做出一些傻事，以至於招來一些不必要的麻煩，甚至還可能會把自己的生活弄得一團糟。

　　生命線和智慧線同源，感情線末端有分叉且有一支線延伸到智慧線的人，是典型的「感情犧牲型」，他們與前者相比，雖然能較為理智地面對感情，卻又多了一種犧牲精神，他們會對自己認為值得的感情付出許多，甚至有些會到了犧牲自我的程度。

　　感情線延伸至食指下方或末端在食指與中間之間有分叉的人，珍惜愛情、重視友情，如果末端呈三叉狀的人，更是典型的「重情重義型」，他們理智的看待且重視值得的情感，很多時候真的是打著燈籠都找不著了。

哪種人天生叛逆，容易有反社會傾向

　　從智慧線可知一個人是否有反社會傾向。現在，家長對自

己的孩子都比較溺愛，造成叛逆與反社會的青少年有增無減，所以教導的方式就要因人而異，才不會造成遺憾。如在智慧線的末端，有彎曲回勾的紋路產生，表示這個人天生叛逆、不聽管教，在學生時代很容易成為老師眼中的頭痛人物，走上社會後也會有反社會或違法的行為發生。

智慧線過長而延伸至手掌邊緣的人，對自己想要的東西會不擇手段去取得，個性十分固執，小時候若以體罰方式教導會產生反效果，長大了會更令人擔憂。

Question

你心中的他是一個忘恩負義的人嗎？

感情線的長短可以看出一個人的品格。每一個女人都想找一個負責任的男人依靠終身，但怎樣才能看出他是不是這樣的人呢？感情線的長短可以判斷一個人是否有情有義。

正常的感情線應該到達食指與中指的下方，這個長度才是剛好。如果太短的話，到中指的下部就停止了，就說明他心裡都考慮好了，你只有有利用價值、有名、有地位，或者是有錢財讓他可以利用，他才跟你交往，否則你在他眼中根本什麼都不算。所以，即使他對你再好，也是忘恩負義之人，最好趕緊脫身，以免最後受傷害的是自己。

Question

智慧線很長的人就有錢嗎？

以自我爲中心、過於自信、執行力強，辦事有計劃，講實際，按部就班，成功率高，但嫌薄情，心臟堅實。

智慧線很長的人，表示一切都以自我爲中心來思考、行動，此類人十分聰明自信，有執行能力，計劃性強，注重實際工作，勇往直前，大都有成功的人生。

在婚姻生活中，雙方互相理解、支持，算是比較幸福，不過要小心經濟方面可能會產生某些負面影響。因爲擁有這種掌紋的人處理事情太理想化、太自信，可能會盲目花錢而不計後果，所以會讓雙方因爲財務運用方面的觀念不同而起爭執。但是這並不代表智慧線長的人就一定有錢，只是表示他在花錢方面表現得不夠理智。

Question

● 你具備投機事業型的智慧線嗎？

具備投機事業型智慧線的人適合從事投機性較高的工作。智慧線的起點離生命線的起點較遠的人，具有較爲果斷的性格特質，因此很適合從事證券、商品買賣、不動產業等投機性較強的工作。這種人很會把握時機，不會在緊要關頭猶豫不決，對於需要掌握時機，進行短線操作的投資性質工作相當稱職。

具備投機事業型智慧線（智慧線的起點離生命線的起點較遠）的人適合從事證券、商品買賣等投機性較強的工作。

事業線上不同的起點和終點各代表什麼

　　事業線代表責任和義務，不同起點和終點的事業線具有各自不同的意義。事業線穿過掌心，終點落在意識與潛意識掌區的分界線上，代表個人整合理性與感性的能力。然而事實上，呈現出不同形態的事業線，雖然其終點大多落在中指的下方，但仔細分辨的話起點和終點仍然存在著非常大的差異。

　　事業線開始於月丘之上的人，具有月丘所代表的極其豐富的想像力，他們的興趣、事業自然都與想像與創意有關，在與人交往或處理事情的過程中，也難免會表現出與此相關的態度與方法；他們的事業成功，在某種程度上，與他人的善意幫助是分不開的。

　　事業線開始於生命線內側的人，家庭的影響力會很大，在其一生之中，與父母和其他家人的聯繫與責任感會很強；他們可能是直接從父輩手中接過已經創立的事業，或是在家族事業中從事相關的工作；此外，他們的子女也可能會有類似的情況出現。

　　事業線的起點較高、開始於掌心處的人，年少時期對事業的定位不準確，總是不時的換工作，卻始終未能找到最適合自己發展的道路，要直到中年時期才會找到自己真正的方向或合乎志趣的事業，就此才能逐漸安頓下來，，屬於典型的大器晚成型人物。

一般人事業線的終點都在土星丘上，如果其末端有分叉出現，且往水星丘、太陽丘和木星生的方向延伸的話，家庭和事業都能比較圓滿和成功；事業線的終點落在木星丘上的人，適合從事曝光率較高的行業，或能成為頗具影響力的人物。

有事業線的人就一定能事業有成

有事業線的人，並非個個都能事業有成；沒有事業線的人，喜歡不受束縛的生活，未必不能成功。事業的成功、好壞，在人的一生中是不斷變化的，而這些變化的特徵，大多能從事業線中窺得一些端倪，但對於事業的判斷卻也不能完全依據事業線，如有事業線的人不一定就能成就大事業，而沒有事業線的人也不一定會一事無成。

整條事業線都非常清晰，而且起點在手腕附近直直延伸的人，自幼生長的環境比較好，家世很好、家境富裕，對這樣的人而言，與其走出去披荊斬棘的開創自己的事業，不如固守家業來得更為妥當；事業線前端比較雜亂的人，出生時家境比較複雜，需要自己的努力才有可能取得事業上的成功；事業線末端線紋凌亂的人，興趣廣泛、思緒混亂，好奇心濃，什麼事情都想嘗試著做做看；事業線過長，一直到達中指底部的人，是天生的勞碌命，一生為事業在而忙碌，且極有可能會忙到終老；

沒有事業線的人，喜歡自由、灑脫的生活，他們不想被責

任與義務壓得喘不過氣來，欣賞刺激與改變，不受任何傳統的約束，自己的生活規則由自己訂定，他們就像是一隻不被囚禁的小鳥一樣，認為生活沒有安頓下來的必要，因此，他們往往過的是多姿多彩、不受束縛的生活。

事業線清晰的人比模糊的人生活更安定

清晰、深刻的事業線代表穩定與安定，擁有這樣手相的人，可以掌握自己的命運。事業線和生命線、智慧線、感情線不同，是和一個人的工作及如何面對周圍的環境有關。它從手掌中縱向穿過，將與人生、個性等相關的所有線紋都連在一起，進而顯示出一個人的為人、個人的機遇、天賦的運用及掌控生命的態度。事業線最佳的形式是從手腕處開始，清晰深刻的縱向穿過手心，一直到達中指的底部。然而，真正筆直、深刻、清晰的事業線只是少數，絕大多數人的事業線都是斷裂的、雜亂的。

擁有深刻、清晰、結構完整的事業線的人，個性積極主動，目標與動機很明確，總是會自動自發的去做一些事情，且對待事情的態度非常認真，興趣與方向很廣泛，具有過人的領導氣質與領導才能，不僅能夠掌握自己的命運，還因其是非常值得依賴的人而極有可能以成功領導者的身份出現。

事業線呈現出線紋模糊、斷斷續續或者是結構不佳的人，人生沒有事業線清晰的人那樣穩定與安全，他們的人生充滿了

變數與不安定的因素，因爲對自己的人生沒有明確的認知和方向，因此更多的時候，人生都會受到所處環境的影響，無法將人生牢牢的握在自己的手中。此外，這樣的事業線還可能顯示的是當事人生活的年代。

無論是何者，擁有這種事業線的人，如果能夠擁有正向的思考、做出正面的改變，原本不佳的事業線也可能逐漸變得深刻、清晰起來。

如何根據手相決定職業方向

根據手指的形狀、主要的掌紋和一些次要的線紋，可以判斷出一個人的性格特徵，進而找出適合自己的職業。

現代社會，職業的選擇與規劃直接決定著人一生的事業發展，什麼樣的職業適合自己是令很多人迷惘和困惑的問題，不妨從手相上獲取一些參考資訊。

無名指特別長、太陽丘和月丘都比較厚實、智慧線深刻且有分叉、事業線或成功線始於月丘的人，很容易得到大眾的喜愛，適合從事演藝、傳播等工作。

手掌底部的邊緣位置上有出國紋的人，適合從事旅遊業或貿易方面的相關工作；智慧線長且直、金星丘和月丘厚實、成功線明顯的人，擁有很高的智商和情商，往往能在社會上獲得極高的聲望，適合從事醫療事業。

智慧線和感情線都特別長、事業線始於生命線、金星丘下

部有平行線的人，頭腦聰明、有愛心且責任感極強，適合從事教師或學術研究相關的工作。

感情線和智慧線之間有神祕「十」字紋的人，對神祕事物尤其感興趣，適合從事哲學、玄學、宗教等相關工作。

智慧線起點低於生命線起點、木星丘上有希望線、第一火星丘範圍廣的人，協調能力強、為人謹慎仔細，適合從事公務員、會計、人事等工作；智慧線長、感情線短、太陽丘和水星丘都比較發達的人，性格冷靜、理智，判斷準確，適合從事科技等領域的工作。

智慧線向下延伸至月丘、太陽丘發達且上面有星紋的人，想像力異常豐富，藝術天分極高，適合從事與文學、藝術等相關的工作；事業線清晰、智慧線分叉成兩條且其中一條上揚、感情線末端也有分叉且向上的人，交際手腕極強，適合從事貿易、經銷等工作；手上有人緣紋的人，易成為眾人關注的焦點，適合從事公關工作。

Question

什麼樣的人適合異地發展

生命線下有分支的旅行線、末端朝向月丘的人和成功線起於水星丘的人，更適合到異地發展自己的事業。俗話說：男兒志在四方。闖四方、創事業，雖然聽來豪情萬丈，但畢竟離鄉背井不是每個人都樂意的。很多人都希望自己能有一份事少、錢多且離家近的工作，然而也有一些則更願意到異鄉去發展，

更希望能憑藉自己的力量闖出一片真正屬於自己的天地。

要想瞭解一個人是否適合到異地發展，從其手相上也能窺知一二：

生命線下方有分支的旅行線的人，喜好遊覽各地，享受走遍各個不同地區的生活，他們鍾情於外出旅遊，這樣的人非常適合旅遊業或國際貿易方面的工作，而且相對而言，這些人出國發展事業的機會與可能性也較一般人要大。

生命線末端朝向月丘方向延伸的人，個性爽朗活潑，天性大膽無畏，他們喜歡新鮮的事物與生活，享受變化與刺激，這些人的工作與居所時不時的都需要做出調整與變動，因此，這些人到外地發展很少會出現不適應的情況，再加上其在異地得到貴人幫助的機率很高，成功的可能性也就較大；成功線從水星丘開始向無名指方向的人，擅長交流與溝通，能在很短的時間內融入全新的環境之中，比較適合從事法律或外交方面的工作，如果有機會到異地發展，對事業會有極大的幫助。

Question

● 什麼樣的女人能縱橫職場

從生命線、智慧線、事業線和成功線上，可以推斷一個女人是否可以成為縱橫職場的女強人。現代社會中，女性已經佔據了「半邊天」，無論是在工作還是生活中，她們和男性一樣貢獻著自己的力量與價值，而且開始出現越來越多的職場女強人，她們事業心重、意志堅強、不屈不撓、努力不懈，因而也

擁有了屬於自己的事業與成功。

　　這些能縱橫職場的女強人的手相主要有以下幾種：

　　生命線的起點源自於食指與智慧線之間，尾端到達玉環紋二分之一處的女性，對事情有野心和欲望，目標就是能夠掌控主動權，她們做起事情來當機立斷，非常有決策者的氣度和風範；生命線中斷有上升直線且一直延伸到中指下面的女性，再加上適當的事業線，透過自身的努力之後，在職場中能獲得不錯的成績，無論是給別人打工還是自己創業；智慧線和生命線分開間隔不到0.5公分且尾端向上延伸達到第二火星丘上方的女性，個性獨立、眼光獨到，有極強的管理能力與魅力，身處職場之中，很快就會得到主管的提拔，甚至還有可能成為CEO。

　　智慧線與生命線分開且穿過感情線到達食指的女性，野心勃勃，一旦發現自己的潛力，就會一直努力的向上爬，有時難免會有些不擇手段；事業線從地丘延伸到土星丘且在尾端有左右分叉的女性，獨立自主，能力過人，往往可以憑一己之力將事情做到盡善盡美，公關、媒體方面也很厲害；有一長一短兩條事業線且有成功線的女性，有實力且運氣也極佳，在職場上必定成就非凡；有兩條事業線，一條從地丘到食指下方，另一條從地丘到中指下方的女性，表面看來溫柔賢淑，實際卻是能力超群，在社會上享受極高的名譽和地位。

Question

什麼樣的人可以身兼兩種工作

從智慧線、成功線、事業線可以看出一個人能否身兼二職。目前經濟不景氣，上班族大多領的是死薪水，找外快似乎才是最實際的。

掌紋中的智慧線有兩條或有大分叉的人，會同時具備兩種才能或專業知識，可以身兼二職而且有不錯的表現；若是成功線有兩條，而且是深刻沒有阻礙的線紋，同樣也可以兼差做兩份工作，做得兩全其美、有聲有色。

如果是事業線的起點部分，有數條分叉線的人，表示擁有好幾個職業及住所，或者是兼營好幾種事業。若有兩條事業線平行的人，表示可開發自己的第二事業，若有才能及發展潛力，經過一段時間的努力也可以有很好的副業，財富與地位也隨之而來，但前提是這兩條事業線清楚、不雜亂。

Question

什麼樣的人能白手起家

一個人能否白手起家與事業線的起始位置有關。事業線起自金星丘，表示靠異性或親屬的提拔來開運，但此線短得達不到智慧線，說明即使受了其恩惠，也只是一時的。

事業線起自地丘，靠自己奮鬥，白手起家，事業成功。事業線起自月丘很懂得利用社會上的力量為自己的事業服務，也是白手起家的類型。

斷掌之人的事業都能做大

堅強的毅力和超強的責任心，是斷掌之人成就大事業的最重要的因素。英國十九世紀著名手相學家基羅說：「這種人（斷掌）有一種可怕的強烈性格，他們的集中能力很強，一旦精神集中於某一個目標，就會用盡全力去把這個目標做好，一直到完全竣工為止。可惜他們不善於利用群眾的力量，即使把這目標完成了，也弄得筋疲力盡，無法再從事新的工作了。」

由此可知，斷掌之人具有以下幾個性格特點：

性情耿直得近乎固執，是非觀念強，一旦發現不合情不合理的事情，便忍不住會大發雷霆，非把對方的錯誤讓所有人都看到不可；不善於跟別人相處，即便是跟家人，也無法相處得很愉快，仇恨心重，甚至有睚眥必報的傾向；對愛情看得很重，只要是自己能夠做到的，便會想盡一切辦法讓自己的愛人開心，使他感受到無比的幸福，終其一生都要如此；如果曾經的愛人不再相愛了，他會恨得非常強烈，非把對方弄得難堪不已、下不了臺才肯甘休；生性多疑，對人不信任，剛愎自用，脾氣暴躁。

工作能力強，不管是多麼困難的事情，只是開了頭，無論中間遇到多大的難題，也絕不會放棄，總是會咬緊牙關堅持下去，直到把事情做完為止；喜歡獨自經營，事無大小都要親力親為，不喜歡別人插手自己的事情；責任心也很強，即便是

已經轉交給別人的事情，也總是放心不下的，非要親自去做不可。

　　斷掌之人，雖然個性上有不少缺點，但憑著其堅強的毅力和超強的責任心，也總是能成就一番大事業的。

你有名揚天下的手相嗎

　　事業線始於月丘或與感情線相切的人，都有可能成為名揚天下者。名揚天下，是許多渴望成功的人士心中共同的目標，然而，一個人能否在事業有成的同時，獲得與其成就相應的名望，還需結合其手相加以判斷，而其判斷的主要依據便是影響事業成功的事業線。

　　事業線的一部分在生命線上，同時還有一條從玉環紋的二分之一處伸起，擁有這種手相的人，年輕時因得到父母的幫助，再加上自己的努力，往往能在成年之後取得不錯的成績與聲望；事業線始於月丘的人，往往會大受歡迎，一旦出名便會得到許多人的關注；事業線與感情線相切的人，有成為影視明星、運動明星或外交家的可能，如果再配合不錯的成功線的話，名聲大噪的機率則會更高。

如何從手相判斷官運

　　成功線粗、長，或有兩條成功線的人，都能在官場之中取

得不俗的成績。為官者皆希望官運亨通，究竟是否有這樣的福氣，除了自身的努力之外，不妨從手相上看看一些主觀上無法控制的因素對官運的影響。

影響官運的線紋主要是成功線。成功線粗的人，可能是行政幹部，有管理方面的才能；成功線粗且長的人，官職一般很大；成功線細的人，在專業上能取得特殊的成績；成功線細且長的人，可以成為某一領域的專家，甚至是發明家；成功線上有正三角或是屋脊紋的人，在同齡人或是同階層的人當中，是非常有錢的；有兩條成功線且一粗一細的人，既是專業人才，又有管理才能，是一個綜合性的人才。

什麼手相的人有好人緣

感情線和智慧線相連於食指、中指之間、事業線自地丘直達土星丘，都是人緣極佳的手相。

身處社會之中，與人打交道是必不可少的事情，能夠獲得盡可能多人的認可與喜歡，不僅是人們心中的初衷，同時也是影響生活、工作的一個非常重要的因素，因此，每個人都希望自己有好人緣。自己是否擁有好人緣，自然是心知肚明之事，但如果遇到一個不太熟悉的人時，要判斷這個是不是好相處，不妨從他的手相上去獲取一些訊息，看他是否是擁有好人緣。

感情線和智慧線在食指與中指之間存在連接線的人，個性爽朗、為人正直、樂於助人、和藹可親、寬厚體貼，不會為一

些小事與人斤斤計較，心中洋溢著滿腔的正義感，自覺有保護弱小的責任與義務，非常樂於照顧別人，他們的包容性極強，對來自於各種不同管道的各種意見與想法都不會表現出過度激烈的反應，與人相處非常融洽，總是能得到周圍人的喜愛，人緣極好；事業線始於地丘、終於土星丘的人，個性溫柔隨和、幽默風趣、天性善良，在朋友遇到困難時，不僅能給予有建設性的意見，還會挺身而出，直到將問題圓滿解決爲止，是所有人心中的「英雄」，他們還非常會講話，總是能把話說到人的心坎裡去，這樣的人自然特別討人喜歡。

指紋看你是否屬於大器晚成型

拇指是籮紋的人、拇指和無名指是籮紋的人、中指和小指是籮紋的人、拇指和小指是箕紋的人、食指和中指是箕紋的人，都是典型的大器晚成型。

一個人的事業能否獲得成功、獲得成功的大小、獲得成功的早晚，都與個人的努力密不可分。但在手相學中，這些結果是可以透過對手中線紋的分析而得知的，如根據五指中籮紋與箕紋的分佈，便可以知道一個人成功的時間。

五指都是籮紋的人，自信、倔強、獨立強性，一生的運勢變化很大；只有拇指是籮紋的人，生命力超強，年輕時一直處於奔波勞碌中，要到晚年時才能有所成就；拇指和無名指是籮紋的人，少年時代比較辛苦，但只要能堅持不懈的努力，到

了中年之後就能獲得事業上的成功；拇指和小指是籮紋的人，適合從事律師之類具有辯論性質的工作，在這些領域內容易獲得成功；食指和小指是籮紋的人，思想成熟、少年老成，一生平順，很少有大起大落；中指和小指是籮紋的人，命運較為坎坷，若能腳踏實地，晚年定能大有收穫；只有小指是籮紋的人，能力強，個性急躁，若能靜下心來，也能在創業的路上獲得成功；五指都是箕紋的人，心靈手巧，擅長手工藝製作，但因性格原因不適合與人合作；拇指和無名指是箕紋的人，個性沉穩，努力付出，能取得與相應的財富與地位；拇指和小指是箕紋的人，為人正直，有時過於執著，易得罪人，需到中年過後，隨著人生閱歷的增加，性格上有所緩和，事業也會出現轉機；食指和中指是箕紋的人，老實敦厚，中年之前生活艱辛，但到了晚年會變得很好；只有小指是箕紋的人，性情溫和，得貴人相助事業有成。

Question

你的人生是不是搶來的

食指下方有「井」字紋的人，搶工作、搶錢；金星帶斷斷續續不連接的人，搶愛情。人們每天為了生活而奔波忙碌，有些人求名，有些人求利，有些人求愛，無論目標是什麼，都需要經過追求方能獲得，畢竟天降橫財的事情發生的機率為零。然而，追求的過程則存在著非常大的差異，有些人稍加努力便有收穫；有些人則需費盡心思，甚至得從別人那裡搶，才能獲

得自己想要的東西。

要想知道你的人生是不是搶來的，那就張開手，看看你的手相吧！

食指下方的位置有「井」字紋的人，對於工作和利益總是表現得很積極，他們會去努力爭取工作中各種表現自己的機會；他們還對所有賺錢的機會都充滿了十二萬分的熱情，無論大錢小錢，只要有機會他們決不放過，因此，他們賠錢的機會也比其他人多一些。

金星帶斷斷續續不連接的人，在面對感情問題時總是表現出極大的熱忱，只要遇到自己喜歡的人，他們會想盡各種辦法去獲取對方的心，真的可以做到所謂的「風雨無阻」。

Question

有交際線的人就擅長交際

交際線，又名水星線。有此線之人，有很強的人際關係處理能力，由此而使其成功變得較其他人簡單些。水星線，又名交際線。這種線長且清晰的人，頭腦靈活，思維活躍，有很強的進取心，能在人際關係上取得不俗的成績。再配合一條清晰且長的事業線，憑藉其超強的衝勁和不錯的貴人運，必定能在事業上取得很大成功的同時，在社會上收穫不錯的聲望；如果配合的是一條清晰且長的成功線的話，不僅事業成功，還非常懂得享受生活，在生活和藝術上也可能會有傲人的成績。

成功線上的星紋有什麼意義

　　成功線上出現的星紋，多含有正義、積極的意義，無論是位於成功線的中間還是兩端，都是不錯的象徵。影響個人成功與否的成功線上，有時會出現一些星紋。這些星紋與島紋、十字紋等阻礙紋不同，它們大多具有積極和正面的意義，不同位置上的星紋，所代表的含義各不相同。

　　星紋位於成功線兩端的人，工作上事事順心，自己的創意與作品往往能得到他人的肯定，在自己所從事的領域裡出人頭地並不難，此外，他們還有機會到異地發展自己的事業，甚至可能是遠渡重洋；星紋位於成功線中間位置的人，運勢極佳，經常能得貴人相助，經過一番努力之後，會擁有較高的社會地位與名望，如果配合不錯的事業線的話，還有可能成為享有盛譽的社會名流或成功人士；星紋位於成功線尾端的人，思維敏捷、頭腦靈活，人際交往能力極強，三教九流的人都能結識，且其中不乏對自己的成功有所幫助者，因而，這樣的人適合與朋友共同創業，成功的可能性極高。

小手指短的人容易被人利用嗎？

　　小手指短的人比較天真，容易被人利用以致上當受騙。一般而言，小手指的長度還不到無名指的最上面關節的人，比較

忠厚、單純，但爲人固執，不懂得變通，再加上語言表達能力較差，所以在人際關係上處理得不是很好。此外，由於這類人比較天真單純，容易相信別人，因此容易被人利用以致上當受騙，如果從事買賣，往往是血本無歸。

具體而言，小指的三個指節當中，指節最短的，就是你的缺點所在。

指節頭最短，說明此人表達能力差，加上天生害羞，很難讓別人瞭解自己，人緣也相對比較差。

中間指節最短，代表這個人爲人忠心耿耿，處世態度經常保持一致，立場不易改變。這看似優點，其實不然，最大的問題就是這種人不知變通、頑固、偏執。

手指底部一節最短，代表個性天真，容易相信他人。這本是好事，但在這個複雜的社會中，所謂「天真」很容易變成無知，所以還是要小心謹慎爲好！

Question

你是個容易因感情導致事業受阻的人嗎？

從掌紋可看出一個人是否能理性處理感情和工作的關係。在各類手紋中，事業線、成功線兩線可以看出一個人是否容易因感情問題而影響事業。

一般而言，事業線或者成功線斷斷續續又彎曲的人容易好色，異性緣多，工作時不會專心，不會全心投入。

事業線只要被感情線擋住了，也就是到感情線終止的事業

線，就代表會因爲感情影響事業，這種手相的人只要一跟另一半吵架，就無心工作；事業線或成功線穿過感情線，且出現島紋的人，說明會因爲感情的問題而阻礙事業的發展。這種手相的人常常會因爲情人或伴侶干涉事業或工作，最後導致公司或者事業的發展受到阻礙。

事業線或成功線斷續又彎曲，異性緣多、工作不專心。

事業線或成功線被感情線擋住，也就是到感情線終止的事業線，容易因感情影響事業。

事業線或成功線穿過感情線，然後出現島紋，常會因爲情人或伴侶干涉而導致事業的發展受到阻礙。

你是一個註定的失敗者嗎？

智慧線折斷、破碎或過分彎垂、細弱的人容易失敗。失敗者的手相有以下兩個特徵：

一是智慧線折斷、破碎或過分彎垂。智慧線折斷、破碎代表思想混亂，沒有條理，目的不明，幻想過多，不滿現實，但又懶於去尋找出路。同時常常有難以忍受的劇烈頭痛，有時，頭痛劇增而致後頸、肩膀、後背的上半部都疼痛異常，使人無心工作。

二是智慧線過分細弱，甚至無力的彎垂，同時食指的指尖比較尖削說明此人長期過分內向、羞怯、拘謹、困窘、畏懼、凡事都不放心，害怕批評，更害怕自己在無意中得罪人。於是

性格會不斷的退縮而缺乏進取、缺乏鬥志，在做事方面，往往是不求有功，但求無過。

智慧線折斷、破碎或過分彎垂，代表思想混亂、無條理；智慧線過分幼弱，甚至無力彎垂，性格內向、缺乏鬥志。

Question

你是一個會理財的人嗎？

理財師的大拇指厚實或平短，月光族的大拇指外傾或平薄。一個善於理財的人，有正確合理的金錢觀念，即便收入不是很多卻也能將生活過得很精采；一個不善於理財的人，大多花錢如流水，對錢財沒有計劃性，雖然收入不少卻也總是難免淪為月光一族。

如何從手相判斷一個是善於理財的理財師，還是不善理財的月光族呢？

大拇指指頭柔軟外傾的人，不會聚財，喜好揮霍，是最典型的月光一族；大拇指硬直而向外微曲的人，慷慨豪爽，對金錢不重視，但不揮霍；大拇指第二節光滑而無雜紋，或僅有一兩條雜紋者，不可能擁有極大的財富或較多的現金；大拇指平薄的人，不喜歡一板一眼的過日子，個性中具有神經質的特性，虛榮心強，經常會將錢花在一些不必要的東西上，基本上沒有什麼理財觀念，經常是賺一元花兩元；大拇指厚實的人，為人相當務實，有一說一，一條腸子通到底，沒有太多的心機，金錢觀念十分實在，在他們眼中，華麗的衣服和美食都是

非常不實際的身外之物，他們對生活的要求非常簡單，絕不會將錢花在過分強調感官享受的事情上；大拇指又平又短的人，有極強的理財觀念，從不隨便亂花錢，卻會出現對金錢過於保守而變得優柔寡斷的情形。

會不會一夜暴富的手相

　　木星丘、水星丘和金星丘上突起、多肉且出現某些固定線紋的人，獲得橫財、一夜暴富的可能性較大。在風水學中，有「巽水一勺可救貧」之說，可見「巽」在易學的作用。巽中辰巽巳，辰為水的墓庫，水為財，墓庫之位自然就是財位。與風水學中的道理一樣，每個人的手相之中，也有一個真正的財位——巽位，又叫「財帛宮」，就是食指下面的掌丘和中指下面偏向食指方向三分之一的位置。在西方的手相學中，巽位又稱為「木星丘」。

　　木星丘肉厚、突起（當然繭的那種不算）且又沒有雜紋、不影響感情線的人，極有機會能發大財或收穫大筆意外偏財；木星丘上肉多且特別隆起的人，一定有橫財或偏財，經常會有一些意外之財入袋；木星丘上沒有突起但不下陷的人財運雖不及隆起之人，財運卻也不差。

　　此外，小指下面的坤位（即水星丘）和大拇指下面的艮位（即金星丘）這兩個宮位也代表大量的錢財，這兩個掌丘上有突起的人容易獲得橫財、偏財或是輕而易舉便賺得的錢財；這

兩個掌丘額外多肉的人，是發大財的象徵，一夜暴富的機率很大。

除了這幾個掌丘的標識之外，手上一些特定的符號也象徵著橫財與意外之財，如在金星丘、木星丘、水星丘和掌心上出現圓形的線紋、米形的米字線紋、井形的井字線紋或田字形的線紋時，都代表容易獲得橫財、外財或意外之財。

當然，一夜暴富畢竟是偶然，更多的時候，還是要以正財爲主，用相應的勞動換取應得的財富，方爲正途。

什麼手相的人一輩子不缺錢花

有理財紋、三豹紋和孔子眼的人，一生平順且衣食無憂。對於大多數而言，享受榮華富貴更像是個無法企及的美夢，因此退而求其次，希望自己的一生能過得衣食無憂。一個人是否能夠達至衣食無憂的幸福生活，在其手相也會有所表現，具有以下幾種線紋的人，較其他人而言，更有可能過上心中所想的無憂生活：

有理財紋的人：理財紋位於手掌上的天紋——感情線上方且與感情線平行。有理財紋的人，通常是大公司裡的會計或者是出納，專門負責幫老闆和上司理財，而且往往能將工作做得井井有條，這種是會幫人家理財的人，自然也能很好的爲自己理財，故而一般都不會讓自己缺錢花。

有三豹紋的人：三豹紋是指在食指上的三條指節紋。一

般人的食指上面只有一條橫紋，叫做指節紋，而有三條指節紋即三豹紋的人，往往一生都不會缺錢花，而且多數是由桃花帶來的，女性有可能會嫁給一個很有錢的丈夫，男性則可能娶到一個很有錢的老婆，或者是做女性用品生意從女性那裡獲取錢財。

有孔子眼的人：孔子眼是拇指第一節指節上面呈圓圈形的線紋。通常有孔子眼的人比較聰慧，而且能找到一個好丈夫或好妻子，多能過上一生衣食無缺的日子。

Question

十根手指都沒有籮紋的人家裡比較窮嗎？

雙手十指都沒有籮紋的人很難得到父母祖上的餘蔭。指紋是手指頭上的紋路，每個人的指紋都是獨一無二的，而且一生都不會改變。指節紋是手指節的紋路，不同的紋路，也都代表不同的命運。

雙手十指都沒有籮紋的人比較難得到父母祖上的餘蔭，很少出生於富貴家庭，在幼年時期可能家境比較貧寒，或缺乏照顧，或很早就離家發展。青年時期事業艱辛，且不容易得到親友的幫助。中晚年的運程會順利許多，但是要注意心血管系統以及腸胃系統的保健。

Question

你會淪為卡奴嗎？

手掌平薄、指節上有橫紋、沒有財庫紋和事業線上有島紋的人，都留不住錢財，易淪為卡奴。現代社會，卡已經成了人們生活中的必需品，尤其是信用卡誕生後，人們獲得了方便的同時，也開始受制於它，甚至有很多人不自覺的淪為了卡奴。從手相學的角度來講，生活中幾乎所有的事情都在掌紋上有所反映，那麼，究竟擁有什麼手相的人更易淪為卡奴呢？

手掌平薄的人，沒有理財觀念，留不住錢財；手指指節上有許多橫紋的人，時常會遇到金錢及財務上的麻煩；手上沒有財庫紋的人，錢一般左手進右手出，來去很快；事業上有島紋的人在錢財上很容易出現問題，比一般人更多背負債務。

Question

無名指長的人好賭嗎？

無名指主掌一個人的才華、人緣和財富。在五根手指當中，無名指的長度僅次於中指，它象徵著一個人的藝術才華、人緣和財富，這是手相學家一致認同的。所以，一看到無名指，往往會令人想到和創作天分相關的事物。

但是，一般而言，無名指長的人容易有好賭的傾向，這是件令人最頭疼的事。這樣的人，將金錢視為身外之物，他之所以賭錢，不是因為貪財，而是喜歡追求刺激，加上個性不服輸所致。無名指代表配偶，它斜向中指方向，代表配偶做事依賴自己。無名指長的人容易有大的志向。

中指短的人沒有投資頭腦嗎？

中指代表自己，它象徵著一個人的命運。中指象徵著一個人的命運。如果中指生得過短，則表示缺乏耐性和易衝動。這種人必須好好約束和規範自己的情感，不然很容易做出令自己後悔莫及的事。

中指短的人在金錢的投資打理方面也是傾向於盲從跟進。如果能獲利純屬幸運，要是全盤皆輸，將會從此一蹶不振。中指代表自己，太短的人沒有自信，它若斜向無名指表示自己做事依賴配偶。

食指過長的人存不下錢嗎？

食指意味著一個人的支配欲、權力欲與進取心。食指通常意味著支配欲、權力欲與進取心，所以食指較長的人，性格也比較頑強，相當具有企圖心。食指代表兄弟姐妹，五指併攏時，食指緊貼並斜向中指說明兄弟姐妹辦事依賴自己。

但是食指過長，則表示此人性格偏強硬、高傲、愛出風頭，財大氣粗、喜好玩弄權柄，支配他人。這種類型的人，錢賺得多，花得也多，往往很難存得住錢。所以節制揮霍的欲望，改變消費習慣，才是根本之道。

而食指過短，則表示此人缺乏進取心與責任感。

你是天生債務背不完的人嗎？

事業線有島紋、掌背青筋凸起、齒縫不補、常歎氣者常負債。事業線出現島紋：由手掌底部指向中指的事業線出現島紋時，表示往往會因爲工作失敗而負債，如果事業線最後指向食指與中指間指縫的話，則代表一生中的心血都付諸東流。

掌背青筋凸起：手背有青色的筋凸起超過3個月以上的人要小心，可能會因爲金錢損失而負起巨額的債務。

此外，如果發現常歎氣、常吐口水等情況則表明會有背不完的債務。

什麼樣的人容易成為守財奴

從智慧線、感情線可看出守財奴的特質。要成爲守財奴的第一要件是要有「財」可守，所以，守財奴也是有錢人的類型之一，只是在處理財產或花錢時很小氣。例如，在手相裡面因智慧線過長，而且橫切掌面形成斷掌的人，如果此人太過重視金錢的話，雖然財運亨通，但也會因太過於吝嗇而成爲小氣一族。

掌紋裡智慧線的末端如果呈現上升，特別是朝向第二火星丘上升或彎曲的時候，此類型的人對金錢相當敏感，因爲視線只局限在物質層面上，往往會讓人覺得好像是死要錢，很容易

被人認爲是守財奴。

另外，感情線起始點接近小指底部位置的話，也表示此人的氣度較小，爲人也比較小氣。

什麼樣的人要破財

手相可以看出一個人是否破財貧寒。有以下幾種情況之一的人會有破財的跡象：

無名指與中指的根部漏縫大，表示會因缺乏理智而破財。

拇指柔軟，易被人利用而損失錢財，加上食指與中指的根部間隙寬者，漏財如洩水般。

手掌背部出現了明顯的青筋，氣色、血色均不良者，應防破財。

手掌中心太高凸者，不容易存錢。

事業線暗灰色，利己心重卻守不住錢財。

哪種人的偏財運特別旺

從事業線、成功線、無名指可以看出一個人的偏財運。一般人的事業線是由下向上往中指方向延伸，成功線由下向上往無名指方向去，但是偏財運很不錯的人，手相中的成功線跟事業線會有合而爲一的特徵。另外，手掌伸出時會併攏、彎曲的人，在金錢方面非常善於精打細算，沒好處的事絕對不碰，在

偏財運方面當然好，不過爲人吝嗇了點。無名指長的人喜歡追求刺激、不勞而獲，加上個性不服輸，所以比較好賭。

但是如果無名指豐厚、挺直，沒有缺陷、彎曲、傷痕或痣等缺點，再加上無名指下方的太陽丘凸起、有彈性，又有明顯的三條如「川」字的線紋，此人在賭運方面相當好，中大獎的機率相當高。而整個手掌很軟又很紅潤的人，表示是天生的生意人，遇到危機會處理得很好，因爲不按牌理出牌，在賭運或從事買賣上，也會有點賺頭。

你是存一輩子錢都不會富裕的人嗎？

手掌平薄的人存一輩子錢都不會富裕。將手自然攤開，如果四周有肉、中間陷下去，這樣的手相不缺錢花，是比較好的。但是如果伸開雙手，手掌完全沒有肉，中間沒有陷下去而是平的，那麼這就是我們所說的手掌平薄。擁有這種手相的人一生中沒有財氣，一年到頭都很辛苦的在賺錢，但到頭來還是很窮。手掌肉厚且軟代表靠自己奮鬥發財致富，手掌背肉厚代表靠父輩幫助賺錢致富。

什麼樣的人容易有意外之災

從生命線、意外線和婚姻線可觀察一個人是否會有意外之災。在生命線的裡面有條貴人線，如果向外分叉出去，而且與

生命線交叉的話，叫做意外線。由生命線的紋路可以計算出年齡，看意外線在哪一位置就可以推算出大約幾歲會有意外。

而婚姻線急速下垂的人，而且在尾端出現島紋的話，則表明另一半會有意外發生。

生命內側或生命線上有島紋、三角紋、車輪紋等容易出意外之災。

Question

生命線上能看出是否福壽雙全嗎？

生命線中途分兩叉的人和生命線在中指的中心線外側彎曲的人，其生活會更接近福祿雙全的夢想。福壽雙全，是自古以來無數中國人夢想的幸福生活，雖然真正能過上這種生活的人很少，但與這種生活的距離是遠是近，從一個人的掌紋，尤其是生命線上便能窺知一二：

生命線幾乎呈直線、到途中彎曲的人，體力和抵抗力都比較弱，有神經質的傾向，但過了中年之後，身體狀況會逐漸好轉。

生命線延伸的途中分成兩叉的人，屬於健康長壽型，體質和抵抗力都比較強，生病之後恢復得快；生命線中途有斷裂的人，可能會得重病，但如果有其他補助線存在的話，便能度過難關，身體痊癒；生命線在中指的中心線內側彎曲的人，體質較弱，精力上稍顯不足，身體不是很健康，且個性比較消極；生命線在中指的中心線上彎曲的人，也屬於健康長壽型，而且

人生也會很平順、安定；生命線在中指的中心線外側彎曲的人，身強體健，生命力旺盛，對事情充滿了熱忱和激情，這類型人的人生過得要比別人充實得多，就連愛情也會比別人強。

　　人的一生是順利還是充滿坎坷，從一個人的面相可得知。雖然不是百分之百命中，但也八九不離十。

　　面相只是推測未來的一種方法，隨著閱歷的累計、思想的改變、知識的增加，抉擇才能決定一個人的一生。

什麼叫面相

所謂面相，是指一種透過觀察一個人臉部特徵的方式來論命的科學。

中國有句話叫「相由心生」，即一個人的個性、心思與作為，可透過面相反映出來。例如個性良善的人，通常具有親和力、善良的面相；心地兇惡的人，通常具有比較兇惡的面相。不過，反過來講並不一定成立。有一句話說面善心惡，就是說看起來善良的臉，心地卻是邪惡的；又有一句話說面惡心善，則是說一張看起來邪惡的臉，但其實心地是善良的。

從面相上推測一個人是好人還是壞人絕非易事，這需要專業的面相技巧。雖然，有些比較敏感的人，可以憑直覺判斷一些面相的分析，但並不能全面用直覺來判斷一個人面相的吉凶，還是需要專業命理分析。

臉部能充分表現一個人的容貌和儀表，並且是身體健康情況和內心世界的表徵，因此人們歷來對臉部非常重視，不僅是面相學家，甚至越來越多的心理學家也注意到面相的實用價值。

什麼叫五官

我們常用「五官端正」來形容人的相貌，但大部分人都沒

想過這五官是指哪五官。所謂五官，通常指眼、眉、耳、鼻、口等五種人體器官。但在傳統面相學中，五官分別被賦予另一種名稱：

眼：名為監察官。

耳：名為採聽官。

眉：名為保壽官。

鼻：名為審辨官。

口：名為出納官。

官，有負責、執掌的意思，「五官」亦即負責監察、觀察的是眼睛，從眉毛可以看出健康狀況，耳朵負責接收資訊，透過鼻子能看出一個人的處世態度，決定表達能力的則是嘴巴。

透過對五官的分析，能對一個人做一些相學的基本分析，並判斷一個人的運勢吉凶。

Question

什麼叫十二宮

面相十二宮，是以不同的宮位來象徵人生的吉凶禍福。雖然各學派都有自己的說法，但大致上還是差不多的。

十二宮具體包括：

命宮：位於兩眉之間「印堂」的部位。影響一個人的基本運勢。

財帛宮：位於「鼻頭」的部位。關係到財富的吉凶。

兄弟宮：「眉毛」是兄弟宮。關係到兄弟關係吉凶。

夫妻宮：位於「眼尾」部位。關係到夫妻關係的吉凶。

子女宮：位於「下眼皮」隆起的部位。象徵子女是否有出息、有無子嗣等。

疾厄宮：位於兩眼之間「山根」的部位。關係到健康方面的吉凶。

遷移宮：位於「上額兩端眉際」部位。看遷徙與出門在外的吉凶。

奴僕宮：位於「面頰下端」部位。關係到交友與部屬關係的吉凶。

官祿宮：位於「額頭正中」部位。關係到事業、官位、學業方面的吉凶。

田宅宮：位於「眉與眼中間的眼皮」部位。關係到一個人家運的吉凶。

福德宮：位於「眉上方偏外部」部位。關係到財運和福氣的吉凶。

父母宮：父位於「左額中間偏上」、母位於「右額中間偏上」。關係與父母之間的緣分吉凶等。

十二宮是面相分析工具之一，透過它的分析，可以判斷一個人的命運前途。例如想要知道「兄弟」之間的關係，就看「兄弟宮」；想知道「事業發展」，就看「官祿宮」吉凶；想看「愛情」，就看「夫妻宮」吉凶……

有八字眉的人一定倒楣嗎？

畫畫時，我們常常用一個大寫的「八」字來表達人倒楣、沮喪、頹廢、絕望的心情。這種下垂如八字形的眉毛叫做八字眉。

很多人以為八字眉的人命運不濟，常常會倒楣。但事實上，擁有八字眉的人性格坦率，做事不拘小節，表面上不易接近，實際卻和藹可親、品德良好。因出手闊綽，所以一生要辛勤賺錢。八字眉的人心胸廣闊，有英雄豪傑的氣概，是傾談的好對象。

但是，如果眉尾低垂，再加上眉毛過細、眉色過淡等特徵，就代表此人過於拘謹保守，甚至有些膽小。要是再加上眼尾低垂、嘴角下垂，那就真的是一副倒楣相，這種人自然會命運多舛。

大眼睛的人比較有人緣嗎？

大眼睛的人，通常個性較為大膽直爽，對許多事情都感到好奇，具有豐富的感受性與表現力，在一個團隊裡容易受到人們的注意。

如果眼大且是雙眼皮，人際關係通常不錯，特別是擁有此面相的女性，其在觀念、性格上和男性一樣開放，會積極的與

他人交際。但這種人有些多愁善感，較爲天眞沒心機。

如果眼大，再加上眼睛水汪汪的，看上去含情脈脈的，則是個「多情種子」，可能有很多的風流韻事。

有些大眼睛的人具有銳利的眼光，使人折服。具有這種眼睛的人度量大，精力旺盛，胸懷遠大，不畏任何障礙而貫徹到底。那麼，什麼樣的眼睛算大？由於每個人的臉形不同，並沒有一定的標準。只要眼睛的上下幅度不是太窄，橫幅也不會太短，一眼望去就看到一雙炯炯有神的眼睛，即可以算是大眼睛了。

Question

有酒窩的人較有福氣嗎？

很多人認爲臉上有酒窩很可愛，也有人認爲有酒窩的人酒量好，還有人認爲有酒窩的人有福氣，命好。所以一些人，特別是愛美的女孩子不惜冒著被毀容的危險花重金去整容，非要挖出一個酒窩來。

其實，從面相學來說，這種說法是錯誤的。有酒窩的人並非好命，相反，步入晚年，特別是在49歲之後運勢會開始下滑。

另外，有酒窩的人比較容易與人爭吵。如果酒窩在法令紋之外，就表示容易與外人爭吵，如果酒窩在法令紋之內，就表示容易與家人發生爭吵。

由於經常發生口舌，此面相的人人際關係會出現很多問

題，而這些問題並非短暫的，它會糾纏不清地纏繞很長一段時間。

嘴角向上翹是貴人相嗎？

俗話說「嘴角翹不是騎馬，就是坐輕轎」。嘴角向上翹，俗稱起菱，是很高貴的。性格溫和，有觀察力和領導力，讀書和做事皆好。而愛情運和財運亦佳，會過著幸福的家庭生活。

但也有一種類似的，嘴角有條向上的線，不是嘴角向上翹，而是線向上翹。這種嘴相叫貓嘴，代表愛吹牛，笑裡藏刀。

嘴角向下垂的人看起來很嚴肅，常猜疑別人，對現實生活不滿，滿腹牢騷，性格孤僻，性情古怪，一生運氣不太好，多波折。宜多微笑，練習嘴角向上。

茶色眼珠的人重利忘義嗎？

眼睛是心靈的窗戶，所以說看眼睛最能看到一個人的內心，透過眼睛可以知曉這個人是善是惡，是賢是愚，是謙謙君子還是卑鄙小人。

眼珠茶色的人，個性外向，處事果敢，為求達到目的不顧一切，不管是感情或者事業上，只要是自己看上的或者喜歡的目標都會拼命的達到目的。這種人一方面非常的機靈，一方面

非常的奸詐，很善於鑽漏洞，而且他爲了得到這個目的，親人朋友都不顧。

不過，亞洲蒙古人種的眼珠顏色並不會生成真正的茶色，事實上都是深褐色，或者淡褐色，這種人就是面相上所說的茶色，要加以小心。

目中無人者有哪些面相

如果耳朵的上端高過眉毛，從好的方面講，這類人聰明伶俐，智慧超群，屬於早年便功成名就的才子型的人。不過，相對的，這種人多半心高氣傲，而且內心敏感，甚至有神經質的傾向。

此外，耳朵位置還象徵一個人的遺傳特質，耳愈高，遺傳特質愈好，也愈有生命力和競爭力。相對的，這種高耳的人也會有一種莫名的優越感，總覺得自己是真命天子，別人都是庶民。因此，爲了保有自己的優越感，這種人對別人的存在很不屑，也很緊張，總覺得沒有安全感，凡事都要計較，而且工於心計。

如果高耳的人，同時耳朵小且貼耳，那麼這種耳相的人不僅目中無人，而且性格孤僻，不希望與任何人有聯繫。行爲方式上也膽小保守，不喜歡冒險，任何有危險的事，他們都會設法讓別人去做，其自私的本性暴露無遺。

誰是自私自利的小人

　　一個人的福氣和事業成敗，與身旁的朋友、親人脫離不了關係，所以我們要瞭解周圍的人屬於何種類型，這樣才能對自己更有利。

　　有人說，沒有耳垂的人比較自私，是小人，那麼這是否有根據呢？

　　一般來說，沒有耳垂，或是內耳骨外翻，耳薄扁硬，耳朵位置高又骨多於肉的人，所給人的不安全感則更強。不但平時只關心自己，凡事過度保護自己，一遇到利益衝突，一定會先犧牲別人，來保障自己的利益。

　　因此，和這種人相處，你一定能明顯感受到這種人的特質，就是不相信別人。即使他平常和你有說有笑、稱兄道弟，等到緊要關頭，為了自己的利益，他照樣六親不認。

嘴唇薄的人尖酸刻薄嗎？

　　細心觀察周圍的人，你便可以發現，那些尖酸刻薄、巧言令色、愛吵愛鬧、吹毛求疵、咄咄逼人者大都是嘴唇又尖又薄的人。沒錯，這種人天生就愛耍嘴皮子，嘮嘮叨叨的把嘴唇都磨薄了。在他們的觀念裡，好像只有用滔滔不絕的語言才能戰勝對方，從不打算用坦誠和忠信與對方交往，所以這樣的人不

好惹。

他們能說會道，語言犀利，好像三寸不爛之舌、無禮辯三分等詞語是專門用來形容他們。

英國披頭四樂團的主唱約翰‧藍儂就是薄嘴唇的代表人物。想當年他就是披頭四樂團的對外發言人，言辭非常犀利。

在1966年甚至對外宣稱：「披頭四樂團比耶穌還受歡迎！」這話引來了軒然大波，被全世界的基督徒聲討，甚至還有「將要暗殺約翰‧藍儂」的傳聞，嚇得約翰‧藍儂趕緊公開道歉。

不過他道歉的話也挺有意思：「我承認我說『披頭四樂團比耶穌受歡迎』這句話太過分，可是如果我說『現在電視機比耶穌更受歡迎』你們就不會反對了吧？因為不一定每個人都是基督徒，可是每家一定都會有一台電視機，有電視機的通常也會有披頭四的唱片。」

怎麼樣，厲害吧！生活中，離這樣的人越遠越好。

Question

哪種人最愛出風頭

面相學家認為，眼球凸出者，尤其從側面看眼球超出顴骨之外的人，通常很健談，有時候會給人愛出風頭的感覺。

這種人處事常常是欠考慮、大大咧咧、一副滿不在乎的樣子。他們心裡往往想一些虛幻的東西，並且到處張揚，但實際上並沒有做太多的實際工作。這種人想法和計畫很多，卻很少

付諸實踐，有時即使去做了，也常常是虎頭蛇尾，半途而廢，可能成為「紙上談兵」者。

現代醫學研究也證明，在眼球後面的上方，就是說話神經中樞。說話神經中樞發達，會將眼球向外向下擠壓，進而形成凸眼睛。眼球過分凸出的人，表現欲極強，容易給人帶來壓迫感。

與此相反，面相學家認為，眼睛凹陷的人多個性靦腆、拘謹，少言寡欲。他們討厭與人爭論，不喜歡受人關注，無論有什麼想法、想說什麼話都會埋藏在心裡。

常言道「舌是利害本，口為福禍門」，話說多了傷人傷己，但不說話，與他人缺少交流，對個人的生存發展又極為不利。倘若取長補短，學習兩者的優點，對事業的發展、改善人際關係會有很大的幫助。

● 如何看一個人的報復心重不重

與人交往時，一定要注意言行舉止，千萬不可得罪人，特別是報復心重的人，他們敏感、多疑、氣量小，一旦招惹他們，如同給自己埋了顆炸彈，隨時都有可能遭到打擊。如何識別哪些人具有強烈的報復心呢？面相學家給了我們一些建議：

報復心理是一種不健康的心理狀態，它不僅會對報復對象造成威脅，而且有害自己的心理健康。如果能在學習中提高認知，在交往中增長見識，懂得人生是一個漫長的過程，要具有

忍耐和寬容的精神，要善於以自身良好的行為來感化別人， 就可以有效的克服報復心理。

什麼面相的人容易發怒

相信大家都不喜歡和突然抓狂的人相處，那麼怎麼看一個人是否容易發怒，是否有瘋瘋癲癲的一面，進而避免尷尬呢？簡單來說，可以從下面幾點觀察：

1.看眉毛，眉毛上揚代表脾氣火爆，這種人常因為無法調適心情而大動肝火，不喜歡別人對他頤指氣使，不喜歡別人給他壓力，更討厭被人糾纏的感覺，不過當發洩完脾氣以後，往往會自我檢討，如果發現是自己有錯時，會立刻笑臉迎人，可說是個喜怒無常的人，而如果眉毛上揚，並且眉毛粗濃，眉頭窄的話，就要更加小心了，這樣的人做事沒什麼耐性，容易動怒，尤其容易被女人的嘮叨激怒。

2.看眼神，眼神兇殘，特別是帶有血絲的人，常出事，或者惹出禍端。

3.看臉皮，臉皮薄又緊的人缺乏同情心，也就是通常所說的薄情寡義，這種人通常只會想到自己的利益，而不為他人著想，所以容易和他人鬧彆扭。如果加上法令紋，則更加不妙，這種男人平時斯文有禮，很重視禮節，有君子風度，但一旦惹毛他，他就會變成厲害的敵人，下手非常毒辣。

4.看整體搭配，眉間窄的男人，平時看不出他是個難纏的

人，但是非常會記仇，睚眥必報；而臉窄鼻寬的人，特別是女子，大嗓門又粗魯，是隨時準備和你撒潑的類型。另外要注意下巴短小的人，這樣的人不懂得壓抑自己的情緒，常常為了芝麻小事跟人發生爭執，跟朋友交往時喜歡占人便宜。

Question

你是一個富貴長壽之人嗎？

我們的祖先孜孜不倦的尋求著長壽之道。透過長期大量的實踐總結，找出了一些規律性的特點，即透過臉部的特點預示一個人是否能長壽。

是否富貴長壽之人可以從眉毛、耳朵、人中看出來。

1.眉毛

眉毛在面相上又稱「長壽宮」，故眉毛端正，成一字形或稍成新月形者，有五十歲以上的壽命。又若長有一兩根很長的眉毛，顏色鮮麗，眼睛、鼻子、嘴巴間的距離寬且閃著光澤，臉看起來不肥不瘦相當均衡，使人一看就感覺此人品格高潔者，是長壽之相。

2.耳朵

耳朵要輪廓分明，色澤鮮豔紅潤，耳肉紅而堅厚，耳形簪高而長，這樣的人是長壽之人。

3.人中

《神相全編》中說：「人中深而長者，長壽。」所以說，人中深長、端正而直的人可以長壽。

雖然從面相上可以看出某些人長壽，但我們不要忘記，生命在於運動，「長命百歲」可以透過鍛鍊達到的。因此，做適宜的鍛鍊便可以獲得長壽。

Question
為什麼女生男相有助於事業有成

　　在面相學中，女生男相被看作是破格之相，所以古時候，有此面相的女子很難找到婆家。但是時移易勢，新時代女性不再是大門不出二門不邁的黃花閨女，相反成就事業的女子大有人在，女生男相反而有助於事業成功。

　　女生男相，並非指女子的整個樣貌都像足男子，而是指她們具有男子的外貌特徵，例如額頭高、顴骨高、口大唇厚、鼻頭大等。

　　從上面的表格可看出，女生男相的女子，相格獨特，事業運強，但是愛情路很崎嶇。不過擁有此面相的女子不用擔心，後天還有補救的方法：

　　1.晚婚，可以遇到志同道合、欣賞自己的人。

　　2.嫁給比自己年齡大至少5歲的人。他們有自己的世界觀和良好的心理素質，妳的成就不會對他們造成任何壓力。

　　3.與對方聚少離多。距離產生美是句真理，尤其對女強人來說，與丈夫保持距離，既可以讓感情保持熱度，又不會因為妳的強勢破壞家庭生活。

　　以上三種方法，相信有助女生男相的女子締造自己的姻

緣。

30歲前會成就事業的面相有哪些

前面介紹過，上停（從額頭髮際到山根）執掌早年運程（15～30歲）。

若一個人額頭寬闊豐隆，表示他聰明過人，自信，在思考方面比較成熟，年紀輕輕就有一番事業，屬早年得志的人。看一個人是否早年得志，除了看額頭，還可以觀察臉部的其他部位：

1.三停均等

三停均等，每部分都占臉部的三分之一，這樣的人不僅早年得志，而且會一直持久下去，事業、財富可謂長長久久。

2.眉毛又順又長

眉毛長，表示一個人志向高遠，好勝心強，不服輸。眉毛順貼、不雜亂，表示事業順風順水，幾乎沒有大挫折。即使年紀輕輕遭遇事業失敗，也會很快站起來。

3.耳高於眉

一個人耳輪的位置超過眉毛的位置，胸懷大志，且容易得到貴人提拔，常常早年得志。

4.大耳朵

大耳朵的人勤奮、努力，加上家境比較殷實，有開創事業的基礎，較其他年輕人而言容易成功。

什麼面相的人註定大器晚成

有些人，無論他早年從事什麼職業，經營何種生意，都不會有一番作為，甚者以失敗告終。相反，隨著年齡的增長，他們的運勢越來越好，事業上不是得到貴人相助，就是碰上好機遇。根據相書解釋，這類人就是註定大器晚成的一類人。

那麼，大器晚成者具有哪些面相呢？

首先看眉毛：

（1）威虎眉

這類人的眉毛清秀而修長，眉毛向上，給人一種威風凜凜、不可侵犯的感覺。他們膽子比較大，敢作敢為，有頂天立地的責任心，因此事業往往有比較大的成就。

（2）獅子眉

這種人的眉毛粗壯而肥直。獅子雖然給人威猛的感覺，但不像老虎那樣兇猛，因此人們認為，這種人一輩子比較平淡，中年以後才有可能發達。在事業上屬於大器晚成型。

（3）細彎眉

這種人的眉毛清秀而彎長，眉尾微微上翹，眉毛細長，看起來聰明伶俐。他們謙恭而文雅，非常注意品德的修養，很有作家的風采。與人的關係較好，做事容易取得成功，一生平安，吃穿不愁。

（4）柳葉眉

這類人眉毛較粗，眉尾彎曲，呈現出不規則的角狀，就像春天的一片柳葉。他們表面上給人一種糊塗的感覺，但對人對事往往是啞巴吃湯圓——心中有數。他們比較誠實，與朋友的關係很融洽，家庭觀念卻比較淡薄。因為朋友很多，中年之後，往往事業有成，名聲較大。

再看眼睛：

大眼睛的人，天生命運比較順遂。事業上常遇貴人，在貴人的提拔下事業做得有聲有色，可謂芝麻開花——節節高。相比之下，小眼睛的人打拼事業時，不是受家庭經濟條件限制，就是受客觀環境制約，總之，事業上一波三折。但是眼睛小的人毅力頑強，做事努力、認真，經過不屈不撓的奮鬥，終究創出一番作為。和其他人相比，屬大器晚成型。

最後看下巴：

無論男女，下巴圓滿的人都屬於大器晚成型。特別是額頭比較窄，髮際線比較低，相應起下巴飽滿， 90%以上的人都會大器晚成。這類人，一般在45歲以後才會功成名就，無論先前付出多大努力，成績都會付之東流。

Question

易被異性扯後腿的面相有哪些

相信沒有人會喜歡在沉溺於愛情的喜悅中時，不知不覺走衰運，所以看看自己的面相是否會被自己喜愛的對象扯後腿，及早預防是必要的。

眉尾散開和顴骨無力。一般人的眉毛通常眉頭眉尾是聚集在一起的，如果前面聚後面散的就是注意力無法集中在工作上，異性會分散你的精力，影響工作。而顴骨無力的人就是天生有心無力，無法顧全大局，如果談起戀愛，就會心越來越亂，被人從背後搞小動作也不知道。

塌鼻樑，鼻樑陷下去的人對突發事件沒有應對能力，鼻子又代表異性，因此有關異性方面的處理比較不知所措，會被感情上的事搞得手忙腳亂。嘴巴微微張開的人，在感情上也容易受到誘惑，加上沒有防備心，在感情上比較吃虧。

而兩眉距離近的人要特別小心在金錢上被扯後腿，兩眉間的距離最合適的是一指半，如果短於這個距離，這樣的人沉不住氣，不夠理性，錢財的處理會不好，而兩眼無神的話，金錢上很容易受到欺瞞，錢財會被對方偷偷掏空而不察覺。

Question

從面相看何時是事業的高峰期

眉毛長而上揚，眼大而有神，這樣的面相，人生的巔峰在36歲左右，如果在36歲之前慢慢累積實力，36歲左右就可以熬出頭，時來運轉，平步青雲。

鼻樑挺拔，鼻准豐潤的人，時運來的比較遲一點，要等到40歲。從面相上來說，鼻子代表40歲左右的運勢，如果鼻樑挺拔，鼻准豐潤，山根飽滿，整體搭配和諧，這種人在41歲左右大概就熬出頭，從此走上坦途，過上比較有權威的日子。

而人中長且深，嘴巴大而有收的人，這是典型的大器晚成，老來俏，這種面相來講，要走到51歲才算苦盡甘來。嘴巴大表示能夠講話，交際應酬能力不錯，溝通能力很好，而人中長且深，說明這人運勢長而厚重，要慢慢才能顯示出能力，所以需要耐心等待。

什麼樣的女人有幫夫運

一個旺夫的女人可幫丈夫創出一番事業，有幫夫運的女人的相面具有以下特徵：

1. 鼻樑偏低，會嫁得好

雖說鼻樑低的女人有幫夫運，但鼻樑亦不能過低或太扁。而鼻頭圓潤有肉，代表正財鼻，可以靠個人努力，使事業有成。

2. 臉形圓大，願意付出

臉形圓圓，即田字臉，額頭偏方形且腮幫子突出，同時臉有豐腴肉質，臉形方中帶圓。田字臉的女人願意付出，男人只要娶到她們，就等於同時擁有一群真心好友。

3. 下巴豐滿，有幫夫運

下巴豐滿且有雙下巴的女子，屬幫夫運面相中的福相。下巴長得圓滿的女子，容易相處，善解人意。下巴圓潤有肉者屬享受型面相，有領導才能，受人擁戴，對丈夫事業非常有利。

4. 眉像柳葉，心腸柔軟

眉彎曲幅度相當大，同時呈現弧形的眉毛，且從眼頭長長
的到達眼尾後方，便屬柳葉眉。擁有這種眉形的女子，有無比
的善心，心腸軟，有幫夫運。

5.眼神清澈，思考正面

眼睛稍大，眼珠黑白分明的女子，多較天真、開朗，帶
點孩子氣。她們進退有禮，沒有令人難以忍受的傲氣，因為命
好，多從正面思考看待世人。儘管人生有低潮與挫折，面對逆
境時會克服與轉移的思想，可與丈夫共患難，而不是大難臨頭
各自飛。

6.耳珠厚大，衣食無憂

大大的耳珠，自然是命好不怕運來磨。有此耳相的女子，
金錢運、朋友運及幫夫運均相當不錯，待人寬厚，尤其對丈
夫、子女，會體諒其心情。所謂有福蔭又有人緣，家人一定能
接收到她的福氣，享受衣食無憂的生活。

7.聲音柔和，溫柔體貼

聲音柔美甜潤、中氣暢旺的女子個性多半溫柔、體貼，
持家有道，是典型的賢內助，讓丈夫專心出外闖天下。中氣十
足，則表示她的身體強健，特別是語出丹田者，表示心氣相
通，婚姻會和諧美滿。

8.兩顴骨要飽滿，旺夫益子

女子面相中，顴骨高度要貼近眼尾，並且有肉包住，而
非顴骨突出，便屬旺夫益子相。她們對家庭及丈夫事業皆有幫
助，相夫教子頭頭是道。

9. 人中清晰，聰明高

有幫夫運的女子，額頭一般不太平滑，髮際低且有點亂，但眉頭較闊，即心胸廣闊，有阿Q精神，對任何事均不會斤斤計較。女子具有清晰且深長的人中，必定是生殖能力強，子女多具優良的遺傳素質，心存孝道，聰明多福。人中形美，也是長壽的象徵。

Question

易為錢吵架的夫妻面相是什麼

先看男人，喜歡和老婆為錢吵架的男人，一般耳朵沒有耳垂或者耳垂很小，男人通常非常的吝嗇又沒有肚量，當然在碰到錢的事情時，是很容易與太太發生爭執的；再來就是嘴小唇薄，嘴巴太小就會很小氣，唇薄就代表他講的話很刻薄，容易激化矛盾；常眨眼睛的男士，沒有安全感，很緊張，總害怕沒有錢花，一旦妻子有令他不安的開銷，爭吵就來了。

再看女人，女人如果鼻翼不夠寬，就在錢財上非常計較，對每分錢的去處都會刨根問底，不搞得吵起來才怪；女人眼睛不大，就不大方，而且比較容易煩悶，喜歡在小的地方鑽牛角尖，並且糾纏不休。

Question

哪些面相可以妻憑夫貴或夫憑妻貴

能憑藉配偶的幫助令自己的運勢提升，妻憑夫貴或者夫憑

妻貴，這都是比較理想的事，我們來看看什麼樣的面相有這樣的福氣。

妻憑夫貴相，首先要求鼻直，女性以鼻為丈夫，如果丈夫為成功人士，有一定的社會地位的話，女性的鼻子就是筆直挺拔的，一般會比較長；其次，自己要眉清目秀，給人清朗的感覺，這樣的女人才能享受對方給自己帶來的名譽及財富，不然丈夫的事業再大，自己無福消受也是枉然。

夫憑妻貴相，同樣要求鼻高且長的，才能娶得賢內助，另外，鼻子高聳的男性，代表自尊心強，為人固執難相處，人際關係中只有妻子和他非常和諧，妻子給他的支持將是他能得到的最大的支持，對妻子的依賴非常強。

眉毛黃薄中斷的人對朋友不好嗎？

眉毛代表人與人之間的關係，特別是與朋友交往的感情。一般人的眉毛平常是比較黑的，但如果眉毛偏黃而且很少，就說明你對朋友沒有情義。如果眉毛很少又黃黃的、薄薄的，且又中斷，表示你對朋友的態度是很現實的，比較功利。凡事只考慮自己，在利與義的判斷上就偏向於「利」了。

另外，眉毛代表肝膽，肝膽代表一個人的個性和脾氣。眉毛先天中斷的人，通常表示肝膽有問題，個性怪異，婚姻不容易圓滿幸福。

如何從面相上識別知己與小人

一個人會有很多朋友，但真正的知己卻很少。所謂知己，是一個充分理解自己的人，一個能與你有難同當、同甘共苦的人。什麼樣的人才能成為知己？這點可以從面相上看出來：

1. 眉毛濃、鬍鬚濃以及鬢毛濃

擁有此面相的人個性很強，愛恨分明重情義。如果你以真誠的態度和他交往，他也會給予你真摯的友情。無論何時何地，只要你有麻煩，他一定會鼎力相助盡一切人脈幫你脫離困境。

2. 短秀眉

眉毛短而清秀，烏黑有光澤，這種面相給人一種慈眉善目的感覺。這樣的人比較講求信義，心地善良，對家庭負責，對朋友忠義，對父母有孝心。

3. 眼睛黑多白少而有神

這類人不會欺騙朋友，對朋友有一說一，沒有隱瞞。他們講義氣，把友情看得很重，無論何時都不會做傷害朋友的事情。可以說，他們是最值得信賴的好知己。

在茫茫人海中，我們既能找到與自己志同道合、有難同當的知己，也會遇到陷自己於尷尬或危險境地的小人。對於為達目的不擇手段的「小人」，我們可以從其面相中分辨出來。「小人」有以下特點：

1.印堂狹窄

印堂狹窄的人，心胸也狹窄。看到別人比自己優秀，就心生嫉妒。爲使心理平衡，他們會從中破壞，甚至損壞別人的名聲。基本上，他們凡事都親歷親爲，以防別人搶奪功勞。

2.三白眼的人不可交

前面說過，三白眼的人報復心重，可以說，他們是有仇必報的小人。與他們相處，最好說些好聽的話，如果擔心無意中得罪他們而遭到報復，那麼尋找藉口，離他們越遠越好。

3.鼻子歪斜

鼻子歪斜的人工於心計，喜歡算計他人，做事偷偷摸摸，不光明磊落。阿諛奉承、搬弄是非是這種人的看家本領。

4.耳後見腮

所謂耳後見腮，是指腮骨過方，似有尖角般的向耳後突出。常言道「耳後見腮的人不好相處」，從面相上來說，這類人狡猾奸險，無情無義，爲一己私利可以背叛所有人，甚至不擇手段。可以說，他們是人際交往中最該小心應付的人。

Question

什麼樣的人容易有貴人相助

看看身邊的同學、朋友或者同事，你會發現有些人得到貴人相助，少走了許多冤枉路，以極短的時間和精力取得成功，而有些人只能靠自己去打拼。所以說，貴人的作用非同小可。

那麼，自己是否有貴人相助呢？不妨根據下面的內容找一

找吧！

面相學家認為，容易得到貴人相助的人有以下特徵

1.額頭飽滿

額頭飽滿的人，腦容量也特別大，這種人天生就聰明伶俐，從小就得到老師和家長的喜愛。進入社會後，也能得到上司的認可和提拔，並獲得事業上的成功。

2.顴骨發達且有肉

顴骨發達且有肉的人有強烈的上進心，再加上很會處理人際關係，在同事或朋友眼裡是一個很值得交往的人，會得到他們的認可和支持。

3.下巴有力

下巴代表一個人的體力和毅力。下巴有力的人能吃苦耐勞，年輕時就能打下不錯的基礎。如果在中年過後，下巴能變得更加圓厚，就說明此人為人處世圓融，能得到部屬和晚輩的敬重，所以也容易得到貴人相助。

Question

哪種人容易被人欺負

有個笑話說，人最不喜歡吃什麼，答案是「吃虧」。是的，沒有人喜歡被人佔便宜，但生活中卻總有一些人吃虧。

面相學家認為，容易吃虧的人，通常具有以下三個臉部特徵：

1.髮際線不齊

髮際線不整齊的人，通常家境或者出生不好，個性軟弱，是人們眼中的「便利貼」。他們經常受人差遣，明明知道自己吃虧也不反抗，尤其在工作中，對於主管分配的明顯超乎個人能力的任務，不懂得拒絕與抱怨。

2. 額頭窄

額頭窄的人不善交際，在交往中常常吃虧。

3. 耳廓不明

耳朵的外緣為「輪」，內緣為「廓」。如果耳輪與耳廓沒有明顯分界線，看起來平平的，好似一個整體，就叫耳廓不明。由於耳輪代表對他人的尊重，耳廓表示自我意識，所以擁有這種耳形的人，對自己要求不高，或者在工作上不會跟人家搶奪功勞，遇到爭鋒相對時都會退讓。

Question

什麼樣的人易得到老闆賞識

眾多員工中，總有一兩個人深受主管賞識。在主管眼中，他們是左右手，是企業的頂樑柱。

為什麼有些人會得到上司青睞？面相學家認為，這和人的相貌有很大關係。一般說來，上司緣很好的人具有以下面貌特徵：

1. 額頭高廣

額頭高的人能夠洞察上司的心思，並且工作效率高。因此跟老闆之間的相處會很融洽，自然能夠得到老闆的賞識。

2. 眉毛秀而長

眉毛長而不雜亂的人容易有上司緣。眉毛雜亂的人會頂撞上司，動不動就會跟上司爭吵。眉毛長而秀的人很會為老闆做事情，因為這種面相的人很有感情，能夠為老闆設想，不會在背後講老闆的壞話。

3. 耳朵輪廓分明

耳朵在相學中代表貴人的提拔，耳朵輪廓分明，內外看得出來的人可攻可守，可進可退。耳朵長得好的人賣力又聽話，因此很有上司緣。

哪些同事「不好惹」

辦公室裡的人際關係錯綜複雜，沒有一雙「慧眼」是不可能很好生存的。所以，我們要透過面相遠離一些「不好惹」的同事。

1. 賊眉鼠眼

所謂賊眉鼠眼，指眼小細短，這樣的人愛占小便宜，喜歡弄虛作假，耍小聰明，不顧大局。平時好像和你稱兄道弟，一旦發生利益衝突時，卻背信棄義、唯利是圖。這樣的人如果再配上三白眼、四白眼或三角眼(眼形狀似倒三角)的話，那就更要小心了。

2. 眉骨高突

眉骨代表兄弟宮，眉骨高突又露骨者，是最為無情無義。

這樣的人兇狠好鬥，喜歡動手動腳表達自己的不滿，佔有欲非常強烈，並且比較狂傲，目空一切，以為天下第一，不尊重同事，有功都是他的，有過都是別人的。而且，一旦認起真來，可是不顧一切後果的。

3.斷眉叉眉

這樣的同事比較多疑，內心壓抑，容易對周圍的人產生敵意，為一點小事斤斤計較。這樣的同事往往人緣很差，喜歡獨來獨往，難以溝通。

4.歪嘴、上唇短

歪嘴則容易對事物產生偏激的看法，並且比較固執，為人也比較情緒化；上唇短則好搬弄是非，倘若有人不尊敬他、甚至得罪他，他就會憑藉其三唇不爛之舌，當面指責你，而且在背後說你壞話，中傷你。所以，這種人千萬不要得罪。

Question

誰會是你工作時的阻礙的面相

家人或同事有下面的面相的時候，你要對他多加小心，在工作上的事最好避著他一點，不要讓他過多的參與。

1.印堂不乾淨，就是兩眉的中間，包括眉頭往上的地方，如果出現雜毛，或者斑點，那就是他和你的想法很難一致，意見比較多，不容易協調。

2.夫妻宮不乾淨，也就是眉毛和眼睛後面的那一塊，如果出現斑點，尤其是出現紅色的小痘痘的時候，就是表示夫妻間

很難在工作或經濟上的問題達成一致，很可能會出現爭執不休的狀況。當然，如果這個東西消失了，問題也就沒有了。

3.眉毛不乾淨，一般是出現箭毛，也就是在眉頭的地方，出現了一兩根往上豎起來的眉毛，這通常是工作不順利，肝火上升的表現，這樣的人，小心他隨時和你爭吵。如果你仔細觀察，就會發現，等他心平氣和了，箭毛自然就沒有了，那時候再和他溝通也不遲。

職場中的人，總是希望憑藉自己的付出換得上司的肯定與好評，然而，並非人人都能如願。有些人用盡全力、事情做得近乎完美，卻始終得不到一句讚美的言語；但有些人則即使犯錯，也總是能輕易地被諒解。要想在職場中獲得上司的認可、平步青雲，除了不斷增強自己的實力之外，有些時候還需要借助一些外在的力量，如化妝術來改變自己的運勢，助自己一臂之力，方能無往不利。開運的化妝要點如下：

眉毛：將眉毛修成拱形的長眉，以給人一種和善的感覺，自然同事就會更願意和你親近；

眼睛：此處是妝容的重點，將上眼線的線條向下延伸1公分，讓自己的眼睛有自然的稍微下垂的感覺，在上司看來不那麼尖銳與鋒芒畢露，自然就能避免成為他的出氣筒了。

嘴巴：嘴大且薄的人，需先用粉底將原本的輪廓消除掉，然後用唇筆劃出輪廓漂亮且嘴角收緊的嘴型，感覺上能謹言慎行且很有分辨能力，也就很容易得到上司和同事的信任與認可。

整容能帶來財運嗎？

最近幾年，醫學美容機構如雨後春筍，遍佈各大中小城市，小針美容開始變成一種時尚潮流。仔細分析人們整容的原因，絕大部分人是爲了讓自己看上去更加美麗動人，也有些人是懷著治療的目的，但是其中卻夾雜著一種不同的人群——他們是爲了改變自己的命運。

相術在中國發展了幾千年，「鼻子塌不起財」、「眉不蓋眼，孤單財散」、「女人高顴骨是『剋夫』相」、「人的面相影響著財運」等觀念似乎深入人心。

所以，那些對自己的外貌不滿意的人，不惜花費高昂的費用請醫生給他們做「通天鼻」、「墊下巴」、「厚耳朵」、「點痣」，讓自己看起來更加福相一些。

那麼，整容真的能改變命運嗎？真的可以讓自己就此財運亨通嗎？

其實，每個人的相貌是出生時就確定好的，五官並不會隨著時間的推移而發生太大的變化。從命理學的角度來看，影響一個人運勢有兩方面原因：先天發自於內的有七分效力，後天形諸於外的占三分影響力。

所謂「有心無相，相隨心生，有相無心，相隨心滅」，所以不要過分拘泥於傳統相術的運勢說法，不要因爲自己長相福氣就不努力，更不要因爲自己相貌不佳而灰心喪氣。

面相術是祖先們遺留下來的智慧結晶，它可以給你一些關於人生的指導與建議，但能不能讓自己的人生變得更精彩更美好，還得看個人的決心與能力。透過修身養性，涵養學識，行善積德，進而擁有一個良好的心態，比外在的美容整形更加行之有效。

和氣生財有道理嗎？

中國有句俗話叫「和氣生財」。和氣是否真能生財呢？從相學的角度分析，可說是確有其事。心情平和，不容易動怒的人，處世當然比較圓融，考慮得也較深遠，比起衝動易怒的人來說，的確比較容易取得成功。

會在公眾場合發脾氣的人，除了得罪別人之外，也讓大家不願意和他親近。遠遠看到他來，避之唯恐不及。別說是合作，連同處一室，大家都覺得壓力很大，情緒低落。

一個容易發怒的人，同時也表示意志力薄弱，甚至連自己的情緒和脾氣都控制不住。用現代心理學的術語來說，就是EQ太低。以21世紀的工商社會來說，這種人成功的機率可說是微乎其微。

經常保持笑容的人，除了能在情緒上保持平和，把問題思考得面面俱到，人際關係圓滿之外，在面相上，也容易帶來好運，可以擔負大任，成就大事。

什麼樣的面相容易漏財

一個人是不是容易漏財，可以從印堂、睫毛、鼻子的特徵來看。

在整個人的面相中，氣色是很容易給人留下深刻印象的，尤其是印堂。如果印堂（即兩眉之間）的氣色不好或青春痘狂長，表示這段時間精神狀態不好，火氣較大，當然運氣也會比較差。

如果整張臉都呈現青黑之氣，則代表體內機能失調已久，必須讓自己休養生息一段時間，否則除了破財之外，還可能有意外之災出現。

檢查自己的臉部，看有沒有睫毛倒插或鼻毛外露的情形出現，如果有，那就要小心破財或受騙。前者表示你在識人方面容易出現問題，後者代表「錢財外露」，容易引人覬覦。所以，最好的辦法是將倒插的睫毛拔掉，將露出的鼻毛剪掉。

分析財運總離不開鼻子，因為在傳統面相學裡，鼻頭代表賺錢能力，鼻翼代表存錢倉庫，鼻孔則表示花錢態度。先天容易漏財的面相，其特徵為鼻頭小、鼻翼小，而且從正面看，鼻孔明顯有外露的情形。

鼻準大而鼻翼小的人，賺錢能力一流卻不善理財。鼻準豐隆、鼻翼大，鼻孔卻外露的人，則比較注重生活享受。

如果鼻子的相理出現瑕疵，例如鼻樑凹陷、起節，或是鼻

翼太薄，或有顏色暗沉的惡痣破壞，都代表在投資理財方面容易有判斷失誤的情形。

如果整個鼻子顯得塌陷無力，則根本就無財可理。

總而言之，印堂泛青或長青春痘，睫毛倒插，鼻毛外露，鼻準大而鼻翼小，鼻準豐隆、鼻翼大但鼻孔外露，鼻樑凹陷、起節，鼻翼太薄，鼻子塌陷無力等，這些面相都容易導致漏財。

這些論點，除了是傳統面相學的經驗之談外，和中醫對人體經脈與氣色的研究也有相符之處。你可以也無須拘泥於傳統面相學中諸多命定式的說法，但卻可以從這些老祖宗的智慧結晶中獲得一些提醒與建議。

什麼樣的人賺錢能力一流

若看一個人是否是賺錢高手，主要看他的鼻子與耳朵。

由於鼻子是財帛宮，所以在傳統面相學裡，關於賺錢、理財、守財能力的討論，幾乎都與鼻子有關。其中賺錢能力與鼻準有關，理財能力首看兩側的鼻翼，而能否守住財則看鼻孔。

被認為很會賺錢的鼻相，如豬膽鼻、蒜頭鼻等，其共同的特點是兩側的鼻翼都相當發達，而且鼻準圓大而有垂肉，使得從正面看看不到鼻孔。差別只在於豬膽鼻的特點是鼻準的垂肉更明顯，蒜頭鼻則是兩側鼻翼特別發達。

其實，鼻子是呼吸系統的入口，鼻子大、鼻翼張的人，

吸入的空氣多，肺活量也大，自然能帶動全身的循環與代謝。在身體健康、活力充沛的情況下，不但會財源滾滾，事業表現佳，對於家庭生活當然也會比較順達而圓滿。

另外，垂珠朝海的耳朵易發財。

垂珠朝海指的是耳垂長且肥厚，並略往前朝向嘴巴的耳相。凡擁有這種耳相的人，先天的稟賦必厚，後天的環境——尤其是童年時代的環境必優越，身體一般都很健康，故耳有垂珠，每主福壽。

耳垂肥大，往往代表財富，至少代表豐富的衣祿。根據各家相法的統計，未曾有耳垂肥大的人終生窮困潦倒的，這便是很好的例證。

據說姜太公八十歲得文王的知遇，就是由於垂珠朝海的耳相使然。故具有此等耳相，不獨延而餘財，同時也主晚年亨達。在《前賢異相考》一書中，曾把這一條列為異相之一，自可見其價值。此處「異相」的異字，並非奇怪之意，而是優異和不同尋常的意思。

Question

哪種面相的男人最小氣

鼻孔深藏不露的男人。鼻子能透露出很多訊息，想知道一個男人的財富觀念，其實仔細觀察一下他的鼻孔就行了。那些鼻孔看起來很小的男人，他在金錢上會精打細算，更不會亂花錢。而那些你站在他面前都看不到他鼻孔的男人，他們則會有

自己的一套觀念，如果覺得合理、該花，那麼他會毫不猶豫，甚至傾其所有。但是對那些可有可無，不急需不實用的東西，他則會一毛不拔。這種男人不喜歡女人亂花錢，甚至討厭女人花錢如流水的習慣。

耳垂較小的男人。耳垂的大小可看出一個人的福氣，耳垂小的男人福氣淺，賺錢能力不強，所以相應地他只能透過「節流」來攢錢。這種男人在金錢上小心翼翼，量入為出，膽子不大，他們從長遠考慮，會選擇節儉、保守的方式。如果嫁給這種男人，不至於窮困潦倒，但可能會過上儉樸的生活。

Question

哪種印堂會影響賺大錢

印堂在整個人的面相中，也處在非常重要的位置。印堂生在兩眉之間的眉心上，從它的寬窄，可以看出一個人的胸襟氣概及事順與否。

如果印堂寬闊、飽滿、色澤好，那麼這個人必然有胸襟開闊，學識淵博，做起事情來容易成功。如果一個人的印堂特別窄，而且印堂上有很多雜紋，從面相學上來說，符合這兩個條件的人比較時運不濟。

因為印堂窄，表示這個人氣魄不大，難有大作為。而印堂有雜紋，表示這個人思緒比較雜亂，沒有主心骨。所以，如果天生是這種面相，就要學會踏實本分，不要幻想大發橫財。因為即使賺到了大錢，也必須付出很大的代價。

為什麼鼻相好的人不一定有財運

有些人天生就是猶太鼻、蒜頭鼻或豬膽鼻，但是為什麼財運不見得就好呢？其實，一個人鼻子所帶來的財運好不好，除了和鼻子類型有關外，還和很多細節有關。

鼻形。很多人以為鼻子夠大、夠長就是好鼻子，其實不然。在整個鼻子中，山根表示一個人得財能力和變通能力；鼻樑就是得財之通路，如果有任何阻截都會影響財源流進；而鼻頭則是財源匯聚之所，能否積蓄就看鼻頭夠不夠大。所以，好的鼻形應該是鼻樑寬直、直通額頭，鼻中沒有露骨、暗節、肉突，山根挺拔，如山瀑直流而下。

鼻樑。有財氣的鼻樑首先不能歪曲，其次不能有皺紋、暗影、斑痣等，否則會一生勞碌、富貴難求。

鼻頭。就是指相術中的準頭，準頭大者能積財，最好的準頭應該如水滴懸卵之狀，這樣即使理財能力不太強也能使財氣聚集無處洩漏。準頭最好長得圓、厚、有肉，而不可有豎紋，因為豎紋如同刀工斧鑿，會影響財源。同時，準頭最好不要時時冒汗，否則會一生勞碌難得財。

鼻翼。兩側鼻翼，就像兩名守財侍衛，鼻翼圓而內收，則會守財得力。否則，鼻翼平寬而外張，則會守財不力。

鼻孔。鼻孔圓而厚者，能獲得意外之財；鼻孔扁而洞口尖者，則會為財而不擇手法。

眼睛。眼形秀長，眼睛清澈明亮，眼神藏而不露，這樣的人大多善良真誠、富有智慧，他們懂得以正確的管道獲取財富，並正確使用。

顴骨。顴骨高聳豐隆、飽滿有力者，也是有福之人。他們大多精力充沛，辦事高效，賺錢也比較輕鬆。

下巴。下巴最好能長得飽滿豐厚，這樣錢財有處安放，不容易流失。如果下巴凹陷欠肉，那麼再多的錢財也會花費殆盡。

所以，相鼻不能單看類型，相人更不可只論其一。

Question

哪幾種類型鼻子的人容易發財

在看一個人的面相時，幾乎所有關於財運的理論都離不開對鼻子的分析。事實上，一個人會不會賺錢可以觀其鼻準，能不能守財可以看其鼻孔，懂不懂理財可以察其鼻翼。

當然，這並不是沒有科學道理的。因為鼻子是呼吸系統的一部分，鼻子大而且鼻翼張的人平均呼吸的空氣就越多，肺活量也比其他人大，整個人體的新陳代謝比較暢通。這種人無論在體力還是精神上都比較佔優勢，做事情當然會比較順利，賺錢也更加輕鬆。

所謂「問富在鼻」，公認的有財氣的鼻子應該有這些特徵：鼻要有肉，鼻要挺直，鼻高有勢，鼻頭豐圓，鼻翼豐滿，鼻孔不露，山根寬闊高挺。

此外，下面幾種鼻子是典型的能給人帶來財運的鼻子：

猶太鼻，又稱下垂鼻、商人鼻、理財鼻。此種鼻相鼻子高、鼻樑略帶弧形、鼻頭下垂成勾狀，兩邊鼻翼肥厚而不露鼻孔。之所以稱之為猶太鼻，是因為他們像猶太人一樣，頭腦精密、方法高明，在金錢方面精打細算，經商能力非常突出。他們懂得如何利用小錢賺大錢，同時略顯狡猾、自私自利。

獅子鼻，又稱蒜頭鼻。這種鼻子和猶太鼻一樣圓大有垂肉，也幾乎看不見鼻孔，而且它兩側鼻翼更加豐滿發達，整個鼻子看起來就像一個蒜頭，故稱蒜頭鼻。這種鼻相之人非常有富相，一生能享受無窮的榮華富貴。但是如果這種鼻子上面有痣，則會破財相，應該儘快點除。

豬膽鼻，又稱懸膽鼻。這種鼻子的鼻頭圓大豐隆，鼻準垂肉明顯，但是山根顯窄，看過去像一個懸掛著的「豬膽」，故有此名。這種鼻相的人一般是先貧後富，他們忠厚老實、意志堅強，做事能堅持到底，所以在良好的人緣下，到中年時一般能發家致富。

牛鼻。牛鼻的最大特徵就是大鼻子，而且鼻孔完全不外露。長此鼻相的人自信心強，而且有魄力，經過腳踏實地的做出一番努力後，日後一般均能富甲一方。

伏犀鼻，又名貫頂鼻。這種鼻子鼻樑挺直、豐厚有肉，更重要的是山根非常突出，高隆直通上額，看上去非常有氣勢。擁有這種鼻子的人一般位高權重，大富大貴。

財運與鼻孔大小有什麼關係

鼻子，又稱財帛宮，在面相中處於非常重要的位置，它不但影響一個人的美醜，而且還和一個人的財運密切相關。在人們的觀念裡，鼻孔大小不同，財運也就不一樣。

鼻孔小的人賺不了大錢。經常哀歎自己沒財運的人，大多是那些鼻孔太小的人。這是什麼原因？鼻孔小的人，個性上比較謹小慎微，開支上比較精打細算，甚至可以用小氣、吝嗇來形容。這種人，不但捨不得花錢做事業、人脈方面的投資，而且也會被周圍的親友疏遠，導致財運局面打不開。

這種人可能會因為節儉生活比較寬裕，但是不會大富大貴。所以，鼻孔小的人與其經商投資，還不如當個上班族，每個月固定領薪水，這樣更能積少成多，存下一筆錢。

鼻孔大的人守不住財。鼻孔大的人往往鼻息也大，他們不拘小節、隨心所欲、豪爽大方、愛面子、毫不節制甚至揮霍無度，喜歡人多熱鬧的場合，更喜歡眾星捧月的感覺，所以經常宴請朋客、財物相送。

這樣的人，手中即使有再多的金錢，都如流水一般嘩嘩流走。這種人大都是敗家子，最終落下貧困潦倒的下場。所以，鼻孔大的人，一定要注意收斂自己的行為，給人生做好長遠的規劃，這樣才能大有可為。

翼豐滿的人富且貴。最好的鼻孔是不宜太大，也不宜過

小，而且鼻翼豐滿有肉。這種人有賺大錢的欲望，而且有賺錢理財的技巧。

他們積極上進、有謀略、有才智，無論在公司上班還是在商場打拼，他們都有足夠的精神與能力來解決一切事情，所以，他們大多事業有成，財運相當不錯。

哪些人特別有偏財運

生活中，為什麼有些人朝九晚五、勤勤懇懇的工作也賺不了多少錢，而有些人卻經常獲得意外之財，不僅能在股票、房產、期貨方面輕鬆獲利，甚至連抽獎與賭博都是贏多輸少？前者說的是正財運，後者說的是偏財運。

在每個人的經濟來源中，有的人正財運非常好，有的人偏財運很旺，有些人則是正偏財都不錯，但是也有些人正偏財運都缺。

一個人一輩子偏財運如何，這和個人的面相有很大的關係，面相上具有偏財運要有以下特徵：

第一，左右臉大小對稱，雙耳不一高一低，左右眉不一長一短。可以對著鏡子，想像一條直線把整個頭部從中間分成左右兩半，最好的情況是左右臉部非常勻稱。當然極少有人是完全對稱的，但至少不要相差得太多。此外，有些人眼睛一大一小，這種眼叫雌雄眼，非但不會減弱財運，甚至還會帶來意外之財。

第二，鼻形豐厚飽滿，鼻翼大小對稱，鼻孔不外露，鼻上無痣。鼻子對財運的影響很大，即使無法擁有鼻頭有肉、鼻翼飽滿這樣「招財鼻子」，但是也要切記保持鼻子的光滑整潔，不要令其長痘、受傷，更不要在上面穿洞戴環，否則會破壞財庫，偏財運不聚。

第三，眉毛不雜，眉尾不散，眉毛不壓眼部。眉毛的末端有聚財的能力，越是聚攏，越表明能累積錢財。如果眉尾疏散，表示這個人情緒容易波動，判斷能力不夠，心智不夠成熟，三十歲以前沒有偏財運。此外，眉毛不能向下傾斜，壓住眼部，否則會擋住財運。

第四，額頭寬闊明亮。與財有緣的人額頭一般是寬闊明亮，如果額頭太尖太低陷，那麼會影響財運的積聚。

第五，顴骨突出，豐厚飽滿。顴骨的高低對偏財運的影響也不小，兩顴平陷的人即使能獲得大筆財富，也守不住，守財能力有欠缺。

第六，耳廓形好，耳垂厚實。好耳朵是福氣的象徵，而財運常落有福之人，所以要讓耳朵變得更有福氣，不妨時不時揉搓耳垂，再定點施壓按摩，讓耳相更好、耳垂更厚實，增加福氣。

第七，口闊有收。俗話說，嘴大吃四方，那些嘴巴大的人大多胸懷廣闊，有氣魄，很容易獲得財運青睞。但是注意口闊有收，這樣才算是好的嘴形。如果嘴巴不緊閉，那麼即使財運光臨了，可能也跑得快。同時，保持雙唇紅潤、笑口常開，對

偏財運也有很大的幫助。

第八，下巴結實有力。這樣的人一般是中年財運開始好轉，晚年富裕安康。

想發財最好和哪些人合作

財運路上，每個人都不是單打獨鬥的，如果你想又快又有效的增加自己的財富，那麼選擇合適的合作夥伴是非常重要的。哪些合作夥伴能在財富的路上祝你一臂之力呢？

首先，眼睛明亮、眼神平和者。眼珠黑多於白的人，眼睛一般比較明亮，這種人比較真誠，沒有心機，不會耍計謀。眼神平和者，沒有貪欲，不會為了蠅頭小利而置朋友不顧。這些朋友沒有害人之心，會一心一意幫助你，是你事業上的好幫手。

其次，正視對方、神藏而靜者。如果對方和你說話時，眼珠溜來溜去，不敢直視你，那麼相信你對他的信任度不會特別高。所以，理想合作夥伴有一個重要的條件，那就是他敢於正視你，彼此心無芥蒂才能取得最佳的合作成果。此外，如果他的眼神平靜、不浮躁，做起事情來更值得你信任。

其次，鼻子直且不太高、鼻頭圓者。鼻子直且圓的人胸懷坦蕩、正直無私，如果鼻子太高了反而會有些狂妄自大。所以合作夥伴最好選擇心正不驕傲者，一方面其對朋友忠心耿耿，不會為利益而出賣朋友，而另一方面也可避免其太過自負而引

起無謂的爭執。當然，儘量不與那些鼻子歪斜的人合作，否則你會很容易吃虧、被出賣。

其次，嘴方有棱、色澤方紅者。如果合作夥伴的嘴角像棱角一樣上撬，證明他十分看重朋友，不會在外人面前隨便說朋友的壞話；如果合作夥伴的唇形厚實，方正紅潤，那麼他是一個謙虛真誠的人，值得託付重任。有這樣的朋友相助，財運路上肯定順風順水。

其次，下停飽滿圓厚者。「下停」主要包括下巴和兩邊臉頰的腮部，如果這個地方長得圓潤厚實，看起來飽滿有力，意味著這個人為人寬厚、性格沉穩、實事求是，與這種人合作，財運一般不會很差。

最後，眉毛密而不亂、不壓眼者。眉毛可以反映一個人情感的濃淡，如眉濃者感情深，眉淡者感情淡。如果對方的眉毛濃且層次分明，證明他對朋友的感情真實，可以經得起時間、金錢的考驗。此外，眉毛不要太壓眼，否則會意氣用事，事業會被感情所拖累。

Question

你有繼承家產的命嗎？

想知道一個人能否繼承家產，可以看其田宅宮。田宅宮，在人的眉毛與睫毛之間鬆軟鼓起的地方。顧名思義，田宅宮代表一個人的房產運。如果田宅宮寬厚，那麼這個人的房產就會較為厚實，與家人相處和睦，生活美滿。有這種面相的人，很

富貴，容易得到長輩或貴人的提攜和扶持，繼承家產的可能性很大。

如果田宅宮不夠寬，或者夠寬，但是上面有疤或痣，那麼表示這個人有遺產可以繼承，但是繼承之後，可能因為自己持家無方，或因為放浪形骸，導致家道中落。

眉毛高挑、田宅寬的女孩子看起來眉清目秀，很受男士歡迎。田宅薄的話，也幾乎不影響漂亮的容顏，但是這種女孩子可能會體弱多病，或者中年以後遇到一些波折。

現代有很多時髦女姓，為了讓自己看起來更漂亮，不惜花費高額金錢來割雙眼皮。也許確實能為面容增色不少，但是從面相學上來說，卻可能會導致田宅宮被割傷，影響不動產，從長久來說會使家庭的生活出現某些變故。所以除非醫療上的需要，儘量不要在眼皮子上「動刀」。

Question

男人留這鬍鬚可以增加財運

男人把臉刮得乾乾淨淨，固然給人精神的感覺，但是留起鬍子，有時候是可以改變人的運勢的，這要看實際的面相。

一、人中比較淺的人

從面相上來說，又深又長的人中能帶來好的子女運，如果人中較淺或者較短，則這人的子女運較差：要麼和子女關係不順，要麼連累子女的事業和生活。所以，人中比較淺的人，適合留鬍鬚，這樣可以增加子女運。

二、下巴尖的人

下巴長得尖瘦，代表著家道的頹勢，晚年運勢會比較差。這時候鬍子就可以起到很好的作用，可以在下巴和左右兩旁留起鬍鬚，來改變運勢。但需要注意的是，要在年輕的時候就開始留鬍鬚，經過長時間的積累才能有所改變，如果臨時抱佛腳，老了才開始留起鬍鬚，就沒什麼作用了。

三、鼻孔外露的人

男人的鼻孔代表著財運，鼻孔外露就是破財鼻，會容易失去錢財，所以如果留起上唇的鬍鬚，可以稍微遮住錢財的外流，大大緩解破財的態勢。

四、法令紋淺的人

法令紋代表著對別人的領導力，如果法令紋淺，則難以服眾，所以，如果你是管理階層的話，可以在上唇的兩旁留起鬍鬚，遮住法令紋的不力，以加強自己的威嚴。

Question

什麼樣的人不要借錢給別人

借錢給別人，最怕的就是借出去的錢收不回來了，這個在面相上也有些講究。一般來說，鼻子代表財富，鼻子低陷的話代表錢財方面警覺心不夠，或者不能堅持自己的意見，人家找你借錢，你不知道怎麼拒絕，或者會被人甜言蜜語引誘，去投資，最後就會吃虧上當了。又或者鼻孔向上，那就是破財的面相，借出去的錢自然收不回來了。

除了看鼻子再就是看眼睛了，眼睛常常紅紅的，表示這人糊裡糊塗，有點愚蠢，不知不覺做出一些很笨的事情，人家借錢的時候，不會考慮人家有沒有償還的能力或者人家是不是壓根就沒打算還給你。

什麼面相的人投資運差

1.臉上有小紅瘡，尤其是額頭上面有小紅瘡，而臉上其他地方都沒有，只有臉上額頭這個地方有個紅痘痘，這就是代表他的判斷力出現差錯，這個時候去投資，其結果可想而知。或者小紅瘡出現在鼻準上，那就是財富要遭到意外了，要千萬小心，最好等小紅瘡消失了再投資也不遲。

2.拳頭握緊的時候，手指多縫隙，表示你的投資計畫有很多漏洞，並且很難彌補，所以這樣的人最好不要進行具有風險性的投資，還是老老實實儲蓄比較好。

3.鼻孔是縮起來的，就是鼻翼不張，這樣的人對財富的魄力不足，很難駕馭比較大的資金，只能做小投資，若做大的投資必定失敗。

什麼樣的人易在交友中失財

在交朋友的過程中失去錢財，無非兩種情況，一種是出手闊綽花光，一種是受騙上當，這兩種情況有各自不同的面相。

對朋友花錢大方的人，先看印堂，這裡代表對朋友的態度，如果印堂有川字紋，這樣的人講義氣，輕錢財，仗義疏財就是說這種人的，而印堂如果出現雜毛或者雜紋，這個人有點糊裡糊塗，不會精打細算，花錢沒有節制；再看眉毛，如果眉毛中斷代表朋友宮出現了問題，很容易受到朋友的拖累，而如果眉頭濃、眉尾淡，這樣的人本身就喜歡吃喝玩樂，而且行為不檢，喜歡和朋友出入一些聲色場所，錢財就會如流水一樣花出去。

容易被朋友騙的人，還是先看印堂，如果印堂中間有一條豎紋，也就是所謂的懸針紋，則說明朋友對你心懷鬼胎，正在算計你；再看眉毛，如果兩個眉毛之間多雜毛，就是出現所謂交眉，這個地方代表思考能力，兩眉之間很多雜毛代表判斷力出差錯，所以容易被朋友騙。

Question

為什麼厚唇的女生物質欲望高

嘴唇代表一個人對金錢的態度，一個女生如果嘴唇厚的話，說明她物質欲望高，是個拜金女，可能是個購物狂，如果再加上唇翹，那麼她的男友或丈夫就要小心了，這樣的女生則喜歡耍小性子，喜歡依賴別人，自己的物質欲望得不到滿足的話，就會發脾氣，把壓力轉嫁到另一半的身上。

另外，鼻大而鼻翼緊閉的女生，也和唇厚而上唇翹起的女生一樣，鼻子大、肉多的女生物欲強烈，而鼻翼緊閉代表著沒

有理財能力，這兩者結合，出現的必然結果就是，男朋友或丈夫會面臨著很大的經濟壓力。

瓜子臉和長臉型的女人命比較苦嗎？

依據上面的相學理論，眾人羨慕的瓜子臉成了命運差的徵兆。瓜子臉在面相學上稱之為格局小，在處世行為上趨於主觀保守，凡事苛求，氣度小，處世較不圓融，年老時會孤貧。為什麼這樣的人年老會孤貧呢？因為這樣的人年輕時喜歡求新求變，在感情和事業方面較缺乏定型，所以等到年老的時候一定會為此付出代價。

但是，這也不是絕對的，只要能改善和調整自己，就照樣會得到完美的人生，老年也一定會得到幸福和快樂。

另外，長臉型的女人被看做是天生的勞碌命

長臉形的女性，會很辛苦的工作，勞勞碌碌，忙個不停。這種女性最適宜做職業女性。如果這種長臉形的女性，是家庭主婦的話，並不代表她能養尊處優，相反的可能更加忙碌。總之她會找很多事做，整天都在無事找事忙。

在日常生活中，我們發覺臉長的男性比臉長的女性多，無論男或女，性格方面都很有個性，很獨特。他們都會很活躍有很多好朋友，交遊甚廣，但忍耐力不夠，容易衝動，這是其缺點。

有抬頭紋的人天生就是操勞命嗎？

年紀輕輕就出現抬頭紋，表示這個人會奔波勞累一生。

一般來說，人到三四十歲，經過了一番社會歷練，大多會在額頭上留下歲月的痕跡，也就是抬頭紋。但是，如果年紀輕輕就有了抬頭紋，就說明這個人在生活中比較勞苦，因為抬頭紋是操勞的見證。

換句話說，並不是有抬頭紋的人就天生是操勞命，而是先有操勞，才會在額頭上留下痕跡。但如果到了五十幾歲，額頭上連一條紋也沒有，就說明這個人不是缺乏進取心，就是很少用腦子想問題，這種人天生就命好。

另外，依據額紋的形狀不同，古相書上也有不同的解讀：三條整齊而不斷的額紋是最好的，這三條紋路又稱為天、地、人，代表長上、平輩、子孫的關係都很圓滿。擁有王字紋者，則富有領導統馭的能力。三條紋路就像蚯蚓一樣的人，比較容易鑽牛角尖。只有中間一條紋路的人，則是越深越好。

印堂發黑怎麼辦

在書中或者電視劇中，經常出現面相先生說某人印堂發黑，此為凶兆。

傳統面相學認為，印堂部位顯現汙黑之色，即印堂發黑，

說明此人運勢低，也預示將來一段時間內他會厄運上身，甚至發生意外。倘若一個人運勢好，則他滿面春風、神采飛揚，印堂則變得明亮、紅潤。

如何判斷自己是否印堂發黑呢？面相學家建議，早起後先不要洗漱，到鏡子面前看額頭，如果膚色變得暗淡無光，隱約看到印堂處有一片晦暗的黑色的話，就是印堂發黑。自己要做好心理準備，萬事小心謹慎，以防不測。

倘若已經開始諸事不順，也不必驚慌，可使用淨化氣場的用品驅散自己身上的晦氣，進而改變運勢。

Question

眉毛過細的男人有牢獄之災嗎？

眉毛粗代表注重大紋大路的事，眉毛細則注重生活細節。

男性眉毛較粗，女性眉毛較細，這是正常的，因為眉毛粗代表注重大紋大路的事，眉毛細則注重生活中的小事。但亦有男性眉毛較細，女性眉毛較粗的情況出現。這代表此男性心細如女性，喜歡注意生活瑣事，甚至喜歡打理家務，佈置家居等事。相反，女性眉毛較粗則代表此女性喜歡交際應酬而置丈夫於不顧。

但如果眉毛過粗及眉形過粗，男則代表好色、怕老婆，一生有一次牢獄之災，亦主配年紀比自己大的老婆。如女性眉毛過粗，則有男子氣概，做事喜歡主動，有領導才能，且易嫁少夫。

牙齒參差不齊的人命就不好嗎？

牙齒長得參差不齊的人，個性貪婪，好欺侮人，搬弄是非也是他們的喜好。有時會因這些不檢點行為而得罪人，最後落得個身敗名裂、眾叛親離的下場。

這類人自我意識強烈，總是自以為是，心中所想與口中所述及實際行動三者均無一致可言，所以也得不到大家的信任，在人們眼裡，這樣的人是不值得交往的。

但是，並不是說這樣的人就無可救藥了，也並不意味著這類人永遠沒有翻身的機會。只要認識到自己的缺點和不足，並認真改正，還是可以得到大家喜愛的，並取得生活和事業的成功。

什麼樣的人晚年運好

晚年運勢好的人一般具有這樣的特徵：地閣方圓、法令寬廣、淚堂飽滿、人中深明。

地閣方圓飽滿的人，都有責任心，凡事替他人著想，不管是對工作還是家庭都立足做到最好，所以在公司是個好員工，在家裡是個好丈夫。

而年過四五十歲後，法令寬廣的人，表示個性隨和穩重，善於體諒他人，處處為他人考慮。如果法令過於狹窄則說明此

人比較自私，凡事都先想到自己，待人也不會很忠誠。

人中與淚堂的部分，主要和子女運有關，因爲這兩個部位都跟生殖機能有關。人中深明的人生命力旺盛，也能帶給子女比較好的遺傳基因。淚堂飽滿明潤的人，對子女的教育問題能處理得當，不會太過溺愛或嬌慣，這樣的子女以後也會有出息，所以你的晚年也會很幸福。

Question

如何透過嘴形觀察運勢

嘴巴不僅有大小之分，也有形狀之別，不同的嘴形能給人不同的感覺，反映出不同的性格。

理想的嘴唇形狀應該是：口闊而有棱，正而不偏，厚而不薄，唇色紅潤，形如角弓，或如「四」字，或口方唇齊，上下唇薄厚一致，相載相覆，開大合小，唇緊閉而不露齒，位置正中，左右對稱，此爲有成。有成的嘴唇，表示一個人正直、忠信，語不妄發，有口德，也代表身體健康。

相反，嘴唇若闊大無收，偏斜不正，薄而不厚，唇色發黑乾枯，嘴角下垂，上下唇薄厚不一，不相載覆，唇開露齒，位置偏歪，左右不對稱，則爲無成。

1.寬唇大而豐潤

這類人頗懂得享受生活，尤其是美食。他們一生豐衣足食，財運方面應該不會有什麼大問題。

2.寬大能容下一個拳頭

這類人官祿榮貴，能升官發財，但必須身材魁梧之人才有這種運勢。相反，若身材瘦小的人，即使嘴再大，也不可視作吉相，反而是一種口無遮攔、能放不能收的象徵。

3.嘴大但耳朵小且尖薄

這種相屬「水多木漂」之相（嘴如船，可視爲水；耳如木輪，可視爲木），代表一生事業上波折不斷，四處飄蕩，難有成就，欠缺福祿。耳雖小但豐厚，且輪廓分明者往往容易成功，並且衣食無憂無慮。

4.嘴大但是鼻小

嘴大而鼻小屬「水反剋土」之相（嘴屬水，鼻居中五行屬土），說明一生常因言語惹禍，禍從口出，是非頗多，且常犯官司之難，尤其不動產方面更是不利，會買到有問題的房子。壯年、中年期異常勤奮，雖有所獲但難有大成就。

5.鬍鬚鎖口

這類人雖然看上去很有性格，事實上這代表難發大運，即使嘴形再好，也像龍困鐵籠之中，不論做什麼事都會有始無終，尤其以老年辛勞運阻爲最厲害。

6.嘴角兩邊有井字紋

這類人早年勞苦，但中年會得貴人相助而事業有所發展，晚年雖福壽俱全但剋子女，屬下緣分不佳。

7.嘴角兩邊有直紋

這類人晚年破家破業，生性兇殘易蹈法網。這種人往往衝動有餘沉穩不足，很容易因一時衝動而犯下大錯，也就是人們

常說的一失足成千古恨的人。

8.嘴大有收（即開大合小），正而不偏，唇厚而正，齒齊而白者

這類人代表豪邁大膽，精力充足，富有行動力及決斷力，大多為領導人物。

為什麼臉部疤痕會帶來霉運

臉部有傷疤，不僅影響人的外貌美觀，還會破壞運勢，給自己帶來霉運。

這些傷疤包括青春痘疤痕、跌傷、燒傷等，包括短暫的傷口、粉刺的瘡疤等，只是後者隨著傷口癒合，運勢會有所好轉。

1.嘴巴有傷疤

嘴巴又叫出納宮，掌管錢財進出。倘若嘴巴經過整容或留有疤痕，那麼，往往管不住錢財，很難致富。並且不利於事業發展，做事充滿波折。

2.眼睛有傷疤

如果疤痕在眼下，說明子孫多叛逆，難於看管，或者運勢欠佳，學業不順利等。

如果眼尾的夫妻宮有疤痕，說明桃花運遭到破壞，愛情路上一波三折。

3.法令線處有傷疤

左邊的法令線代表正職，右邊代表副業，哪條有傷疤，就暗示哪方面遇到挫折。

4.鼻子有傷疤

鼻子象徵財富。如果鼻樑有傷疤，表示投資的錢財會如同潑出去的水，很難收回；如果鼻頭有疤痕，表示常常遺失財物。

如果女性鼻子有疤痕，不僅影響自己的運勢，還令丈夫的運勢減半；如果男性鼻子有疤痕，暗示身體衰弱，要注意健康。

Question

你最近是否面帶衰運

常言道，人倒楣的時候喝口涼水都塞牙。那麼，如何知道自己是不是正走衰運，最好早晨起來後，未梳洗前，對照鏡子，觀察自己的相貌：

一、印堂

「烏雲罩頂」，是看面相的人經常會說的一句話，其實所謂的「頂」就是額頭中間的位置，此處為人的事業宮，與個人的工作運相關。一旦出現「烏雲罩頂」，即額頭處出現近似於黑色晦暗時，就代表著個人的事業即將會遇到一些問題，輕則職位下降，重則工作不保。如果剛巧遇上公司裁員的話，發黑的額頭，再加上兩邊顴骨的黑氣，必定會成為裁員黑名單中的一員。此外，額頭發黑還可能預示著生活的其他方面也將出現

問題。

要在短期內化解這種危機並不容易，最好的辦法還是在平日的預防：多塗些護膚用品、有空的時候多做一些臉部操、將擋住額頭的頭髮撥開，或者是隨身佩戴一些趨吉避凶的物品等。

二、臉部氣色

黑色除了會出現在額頭和顴骨上之外，嚴重者還可能覆蓋整個臉部，就好像臉上遮了一塊黑色面紗。擁有這種面相的人，要麼就是身患重病，要麼就是運勢會遇到極大的阻滯，交通意外、口舌官非、血光之災等一些飛來橫禍極有可能是降臨在此人身上。因此，在這段時間內，最好安分的待在家裡，避免外出遭遇不幸，若是有信仰之人，還要透過祈禱或誦經方式緩解災禍。

三、眼皮

兩眼的眼皮位置出現晦暗色的人，表示田宅宮不利，極有可能會遺失貴重物或遭盜竊，同時還需小心水、火等意外之災。

四、兩耳

兩耳發黑之人，如果乃天生，需要藉助打耳洞、戴耳飾等方法破解；如果是後天出現的話，就表示其運勢受阻，無論做什麼事情都會遇到很多的阻滯，事事都難順意。此時如果有人拉夥投資或者合夥做生意的話，最好先靜觀其變，否則不是血本無歸，就是做了他人的冤大頭。

五、眼肚

兩眼的眼肚位置呈現黑色的人，如果不是因熬夜而至的話，就是運勢受阻的訊號。再加上雙眼無神的話，就更糟糕了，這樣的人如果平時不注意使用眼霜、經常按摩，或佩戴避邪之物進行化解的話，極有可能會成為情場、職場雙失意之人，即便不是如此，金錢上也會有很大的損失。

一輩子衣食無憂的面相是什麼

俗話說，民以食為天，那麼什麼樣的面相表示一個人一輩子有得吃呢？

最主要的是下巴要飽滿，飽滿的下巴是福氣的代表，是衣食無憂的標誌，這種人不僅自己有得吃，還會不時獲得別人的邀請而有得吃。其次要鼻樑低，這樣的人不僅有得吃，還比較貪吃，比較挑食，不過這樣的人並不是什麼美食家，對食物的要求並不高，更不會講什麼飲食文化，就是胡亂吃。最後腳部要肥胖，最好腳部的內側窩位深，這樣不僅有得吃，而且吃得穩，吃得安心，而且生活中也沒有什麼煩惱，是衣食無憂的最高境界。

哪些人易因工作惹上官司

在工作中不聽從安排，容易和人發生爭執，工作不講究

方法，招來麻煩，最後惹來官司的人，往往眉毛生的不好。

　　眉毛代表的是一個人的脾氣個性和感情，如果眉毛有瑕疵的話，那麼處理起事情來，就不會考慮很多利益上的得失，一味依自己的脾氣行事，這樣容易跟人起爭執而發生官司。具體的說，一般眉毛都是往後長，往上長就叫做豎，稱為箭毛，這樣的人比較固執，不聽從別人的意見，一意孤行，或者眉毛往回長，叫做逆，這樣的人喜歡和人起衝突，而且個性暴躁，無法克制自己的脾氣。還有一種就是斷眉，即眉毛的中間有一段比較稀薄或者無毛，這樣的人在個性怪異，無法處理好人際關係方面的問題，經常小事鬧大，鬧上法庭。

Question

因義氣惹來麻煩的人有什麼特徵

　　會因義氣惹來麻煩的人面相主要有三種：

　　1.濃眉且有豎毛，濃眉表示這樣的人是非感很強，對的就是對的，錯的就是錯的，不圓滑，且原則性很強，若加上眉中有豎毛，那就表示脾氣很差，比較火爆，這樣的人很講義氣，也很容易得罪人，不光是得罪旁人，還會得罪朋友。

　　2.口大而不收，口大就是責任感強，比較有同情心，所以喜歡扶持弱小的一方，顯得比較仗義，但是口大而不收就不好了，不收的話，就是做事沒有分寸，不懂得節制，這樣的人，仗義是仗義，但有時候會給人多管閒事的感覺，惹來不必要的麻煩。

3.牙齒大而有縫，牙齒大的人，尤其是男士，比較能吃苦，也很熱心助人，但是有縫就不是好事，這樣的人做事不夠細心，比較馬馬虎虎，往往會因為細節問題得罪人，加上話比較多，幫了人家之後會到處張揚，招來別人的厭惡。

什麼樣的人有小孩後運勢大開呢？

有的人前半程的運勢比較一般，但是有小孩後，運勢大漲，真是人逢喜事精神爽，從此踏上坦途。這樣的人的面相，主要在唇邊，在得小孩前，嘴唇紅，或者帶點黑色，並且人中明朗，這樣的人血氣旺，又帶一點壓抑，生出健康的小朋友後，就會突破壓力，宏圖大展。

還有一種面相是在眼下，也就是子女宮的位置，如果這個地方明潤，那麼生出的小孩就會非常健康聰明，也會給父母帶來好的運氣，整個家庭的運勢都會強力上升。

哪種面相會讓你的運勢下滑

有的面相是先前沒有，只會短期內出現的，其中有些不好的帶來運勢下滑的面相大家一定要小心。

人的面相既是天生的，也是後天的，行善可以改變面相，作惡也可以改變面相，生活中的一些小方法也可以改變面相。

我們知道，人的嘴唇，豐潤則勢強，淡細則命薄，同時，

上唇代表愛人，下唇代表被愛。只有上下唇厚度均一的人，才會達到平衡，形成和諧，加強愛情運勢。所以可以利用唇筆將唇化齊，再塗上潤唇膏展現豐潤的感覺。

人的眉毛，斷裂、雜亂，命運則坎坷兇險。可以彌補的方法是，記得時常用梳子進行梳理，對斷開的空隙，用眉筆補足，以讓運勢穩定、加強。

如果經常愁眉苦臉、眉頭緊鎖，額上就會出現亂紋，大大降低人的運勢，會導致人消極悲觀失落，進入惡性循環的話，甚至會一輩子消沉。所以要注意按摩自己的前額，臉部多塗面霜，減少皺紋，讓人有光采，最重要的是要多與人交流，尋找積極主動的生活態度，不要煩惱焦慮，多開口笑，笑一笑，十年少嘛！

如果額頭窄小或者比較尖，則早年生活會比較淒苦，一生多挫折。可以選擇帶帽子，同時人要開朗大方、信心十足、能吃苦耐勞，面相也是會得到一定改變的哦！

i-smart

智學堂
智慧是學習的殿堂

★ 親愛的讀者您好，感謝您購買 招財進寶：貴人相助小人退散 這本書！

為了提供您更好的服務品質，請務必填寫回函資料後寄回，
我們將贈送您一本好書（隨機選贈）及生日當月購書優惠，
您的意見與建議是我們不斷進步的目標，智學堂文化再一次
感謝您的支持！
想知道更多更即時的訊息，請搜尋 "永續圖書粉絲團"

您也可以使用以下傳真電話或是掃描圖檔寄回本公司電子信箱，謝謝！

傳真電話：　　　　　　　　　　電子信箱：
（02）8647-3660　　　　　　　　yungjiuh@ms45.hinet.net

姓名：＿＿＿＿＿＿＿ ○先生 生日：＿＿＿＿＿＿ 電話：＿＿＿＿＿＿＿
　　　　　　　　　○小姐

地址：＿＿＿＿＿＿＿＿＿＿＿＿＿＿＿＿＿＿＿＿＿＿＿＿＿＿＿＿＿＿

E-mail：＿＿＿＿＿＿＿＿＿＿＿＿＿＿＿＿＿＿＿＿＿＿＿＿＿＿＿＿＿

購買地點（店名）：＿＿＿＿＿＿＿＿＿＿＿＿＿　購買金額：＿＿＿＿＿＿

職　業：○學生　○大眾傳播　○自由業　○資訊業　○金融業　○服務業　○教職
　　　　○軍警　○製造業　○公職　○其他＿＿＿＿＿＿＿＿＿＿＿＿＿＿＿

教育程度：○高中以下（含高中）　○大學、專科　○研究所以上

您對本書的意見：☆內容　　　　○符合期待　○普通　○尚改進　○不符合期待
　　　　　　　　☆排版　　　　○符合期待　○普通　○尚改進　○不符合期待
　　　　　　　　☆文字閱讀　　○符合期待　○普通　○尚改進　○不符合期待
　　　　　　　　☆封面設計　　○符合期待　○普通　○尚改進　○不符合期待
　　　　　　　　☆印刷品質　　○符合期待　○普通　○尚改進　○不符合期待

您的寶貴建議：

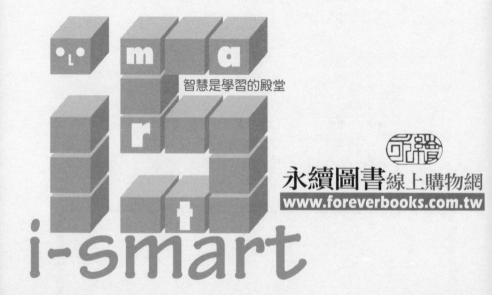